学前英语教育

（第二版）

单迎春　　　　主　编
郭玉琴 孙燕燕 董晖 副主编

清华大学出版社
北京

内 容 简 介

本书第一版为教育部职业教育"十二五"规划教材。本书根据《幼儿园教育指导纲要(试行)》的要求选取教学内容，遵循学生职业能力培养的基本规律，以真实工作任务及工作过程为依据整合、优化教学内容。全书内容分为 5 个部分，依次为认识幼儿英语教育、幼儿英语教学活动模块、幼儿英语教育评价模块、英语环境创设模块和幼儿英语教育研究模块。

本书可作为高等院校、师范专科学校和高职院校学前教育、小学英语教育等相关专业的教材，也可作为幼儿教育工作者的学习用书。本书配有教学课件、课例视频等教学资源，读者扫描书中的二维码即可参考使用。

本书封面贴有清华大学出版社防伪标签，无标签者不得销售。
版权所有，侵权必究。举报: 010-62782989，beiqinquan@tup.tsinghua.edu.cn。

图书在版编目(CIP)数据

学前英语教育/单迎春主编. —2 版. —北京: 清华大学出版社，2021.8 (2023.2 重印)
ISBN 978-7-302-58016-4

Ⅰ. ①学… Ⅱ. ①单… Ⅲ. ①学前儿童—英语课—高等职业教育—教材 Ⅳ. ①G613.2

中国版本图书馆 CIP 数据核字(2021)第 070844 号

责任编辑: 张　弛
封面设计: 刘　键
责任校对: 袁　芳
责任印制: 朱雨萌

出版发行: 清华大学出版社
　　网　　址: http://www.tup.com.cn, http://www.wqbook.com
　　地　　址: 北京清华大学学研大厦 A 座　　邮　编: 100084
　　社 总 机: 010-83470000　　邮　购: 010-62786544
　　投稿与读者服务: 010-62776969, c-service@tup.tsinghua.edu.cn
　　质量反馈: 010-62772015, zhiliang@tup.tsinghua.edu.cn
　　课件下载: http://www.tup.com.cn, 010-83470410
印 装 者: 三河市龙大印装有限公司
经　　销: 全国新华书店
开　　本: 185mm×260mm　　印　张: 12.5　　字　数: 288 千字
版　　次: 2013 年 8 月第 1 版　 2021 年 10 月第 2 版　　印　次: 2023 年 2 月第 2 次印刷
定　　价: 49.00 元

产品编号: 088630-01

第二版前言

随着学前儿童英语教育研究的不断深入,师资队伍建设问题已成为制约学前儿童英语教育有效开展的关键,对学前英语或双语教师的培养越来越成为人们关注的焦点,而适合的教材对此有着举足轻重的作用。本书适用于专科层次的学前教育专业或英语教育专业,并可供学前教育工作者、小学教育专业学生、幼儿园及其他幼教机构的英语教师以及社会各幼儿、少儿英语培训机构的教师在工作中参考使用。

本书由高校学前教育专业资深教师与幼儿园一线教师合作开发,根据幼儿园、教育培训机构的需要和完成实际幼儿英语教育工作任务的知识、能力、素质要求,参考教育部颁布的《幼儿园教育指导纲要(试行)》和《3~6岁儿童学习与发展指南》选取教学内容,保证了教材的针对性与实用性。遵循学生职业能力培养的基本规律,以真实工作任务及工作过程为依据整合、优化教学内容。全书内容分为 5 个部分,依次为认识幼儿英语教育、幼儿英语教学活动模块、幼儿英语教育评价模块、英语环境创设模块和幼儿英语教育研究模块。

本书充分考虑职业类院校学生的兴趣、需要,总体上体现出以下三方面特色。

1. 支持"理实一体""教学做评合一"的教学模式

基于"岗课融合""教学做评合一"的思想,教育实践部分以幼儿园英语教师从事的典型工作任务为导向,设计学习情景,将知识融入幼儿园英语教育实践。在任务的设计、编写方面既注重与幼儿英语教育实践活动相一致,又注重方法和知识向教学能力的转化。

2. 支持信息化教学

本书注重多媒体内容的注入,各章节配有二维码,师生扫二维码即可获得相对应的视频、课件等资源。配套网络资源丰富,配有课程网站,学习者进入网上学习区,可浏览教学大纲、教学进度、所有章节的课件及该章节的教案和扩充性学习材料。设置模拟实训项目,布置仿真的教学或活动任务,学生可以通过网络进行活动设计。此外,学生还可以查看实训大纲、实训题库、幼儿园英语教学录像、幼儿英语剧表演录像等。

3. 支持自主学习和知识建构

每一章节的开始都有精心设计的学习任务、引导问题和任务完成指导。提倡学生"主动参与、乐于学习、勤于思考",以培养学生获取新知识、分析和解决问题的能力。强调通过学生合作与主体参与发展知识建构与自我反思能力,保证知识生成方式的个性化。

  本书在编写过程中得到了各编者所在单位领导的关心和大力支持;书中引用了国内外幼教同行的一些研究成果,在此一并表示衷心的感谢。由于编者水平有限,敬请广大同行多提宝贵意见,以便本书不断修订完善。

编　者

2021 年 5 月

前　言

随着学前儿童英语教育研究的不断深入，师资建设问题已成为制约学前儿童英语教育顺利有效地开展的一个关键问题，因此对学前英语或双语教师的培养越来越成为人们关注的焦点，而适合的教材对此有着举足轻重的作用。本书适用于专科层次的学前教育专业或小学英语教育等专业学生，并可供学前教育工作者、幼儿园及其他幼教机构的英语教师以及社会各幼儿、少儿英语培训机构的教师在工作中参考使用。

本书由高校教师与幼儿园一线教师合作开发，根据幼儿园、教育培训机构的需要和完成实际幼儿英语教育工作任务的知识、能力、素质要求，参考《幼儿园教育指导纲要（试行）》和《3～6岁儿童学习与发展指南》选取教学内容，保证了教材的针对性与实用性。遵循学生职业能力培养的基本规律，以真实工作任务及其工作过程为依据整合、序化教学内容。全书内容分为5个部分，依次为认识幼儿英语教育、幼儿英语教学活动模块、幼儿英语教育评价模块、英语环境创设模块和幼儿英语教育研究模块。本书具有以下特点。

（1）支持新形势下高职教学方法与教学模式改革。教育实践部分支持"任务驱动"的教学模式，以幼儿园英语教师从事的典型工作任务为导向，设计学习情境，将知识融入幼儿园英语教育实践。在任务的设计、编写方面，既注重与幼儿英语教育实践活动相一致，又注重方法和知识向教学能力的转化。

（2）支持自主学习和知识建构。每一章节都有精心设计的学习任务、引导问题和任务完成指导。提倡学生"主动参与、乐于学习、勤于思考"，以培养学生获取新知识、分析和解决问题的能力。强调通过学生合作与主体参与发展知识建构与自我反思能力，保证知识生成方式的个性化。

（3）配套网络资源丰富。制作了课程网站（http://www.qflpc.com.cn/yejsyyjxnlsx），学习者进入网上学习区，可浏览教学大纲、教学进度、所有章节的CAI课件及该章节的教案和扩充性学习材料；设置了模拟实训项目，并布置了仿真的教学或活动任务，学生可以通过网络进行活动设计。此外，学生还可以查看实训大纲、实训题库、幼儿园英语教学录像、幼儿英语剧表演录像等。

本书在编写过程中得到了河北外国语职业学院领导的大力支持,特此感谢!由于编者水平有限,书中不足之处敬请读者批评、指正。

编　者
2013 年 5 月

目　　录

第一篇　认识幼儿英语教育

第一章　我国幼儿英语教育现状 ……………………………………………… 003
第一节　幼儿英语教育的概念 …………………………………………… 003
　　一、双语教育、第二语言教育与外语教育 ………………………………… 003
　　二、幼儿英语教育与幼儿英语教学 ………………………………………… 005
第二节　我国幼儿英语教育现状概述 …………………………………… 006
　　一、我国幼儿英语教育的发展历程 ………………………………………… 006
　　二、我国幼儿英语教育发展现状 …………………………………………… 007

第二章　学前英语教师应具备的知识、能力与素质 ………………………… 012
第一节　幼儿英语教育师资资格标准 …………………………………… 012
　　一、多重专业知识结构 ……………………………………………………… 013
　　二、较高的专业能力 ………………………………………………………… 014
　　三、良好的综合素质 ………………………………………………………… 016
第二节　幼儿英语教育师资的培养 ……………………………………… 019
　　一、国外幼儿教育师资的培养 ……………………………………………… 020
　　二、国内幼儿教育专家对幼儿师资培养的观点 …………………………… 021
　　三、幼儿英语教育师资力量培养 …………………………………………… 022

第二篇　幼儿英语教学活动模块

第三章　幼儿如何学习第二语言 ……………………………………………… 027
　　一、习惯形成说（刺激—反应论） …………………………………………… 027
　　二、关键期假说 ……………………………………………………………… 028
　　三、文化适应假说 …………………………………………………………… 029
　　四、监察模式假说 …………………………………………………………… 029
　　五、中介语假说 ……………………………………………………………… 031

  六、认知说 ………………………………………………………………… 032

第四章　幼儿英语教学内容 ……………………………………………… 035

第一节　幼儿英语教育的目标 ……………………………………………… 035
  一、幼儿英语教育的总体目标 …………………………………………… 035
  二、幼儿英语教育的各年龄段目标 ……………………………………… 036
  三、幼儿英语教育活动目标的制订 ……………………………………… 037

第二节　幼儿英语教育的内容 ……………………………………………… 038
  一、幼儿英语教育的主要内容 …………………………………………… 038
  二、幼儿英语教育内容的编排 …………………………………………… 040
  三、幼儿英语常用词汇与句型 …………………………………………… 041

第五章　幼儿英语教学方法 ……………………………………………… 046

第一节　全身反应法 ………………………………………………………… 046
  一、全身反应法（TPR教学法）简介 …………………………………… 046
  二、TPR教学法的主要教学原则 ………………………………………… 047
  三、教学步骤 ……………………………………………………………… 047
  四、TPR教学法在幼儿英语教学中的应用 ……………………………… 048
  五、TPR教学法利弊分析 ………………………………………………… 051
  六、TPR教学法对教师的要求 …………………………………………… 052
  七、TPR教学资源 ………………………………………………………… 052

第二节　交际教学法 ………………………………………………………… 056
  一、交际法简介 …………………………………………………………… 056
  二、在幼儿英语教学中运用交际法 ……………………………………… 057
  三、交际教学法的利弊分析 ……………………………………………… 070

第三节　任务教学法 ………………………………………………………… 071
  一、任务教学法简介 ……………………………………………………… 071
  二、在幼儿英语教学中运用任务教学法 ………………………………… 072

第四节　游戏法 ……………………………………………………………… 080
  一、认识幼儿英语游戏活动 ……………………………………………… 080
  二、幼儿英语游戏活动的分类 …………………………………………… 081
  三、幼儿英语教学游戏活动的结构与设计 ……………………………… 083
  四、游戏教学的实施 ……………………………………………………… 085
  五、幼儿英语游戏活动举例 ……………………………………………… 088

第五节　儿歌的运用 ………………………………………………………… 100
  一、认识儿歌 ……………………………………………………………… 100

二、儿歌在幼儿英语教学中的应用 ………………………………………… 103

第六节　故事法 …………………………………………………………………… 119
　　一、认识故事教学活动 ……………………………………………………… 120
　　二、幼儿英语教学中故事的选取 …………………………………………… 122
　　三、幼儿园英语故事教学的设计与实施 …………………………………… 126
　　四、英文儿童故事赏析 ……………………………………………………… 133

第三篇　幼儿英语教育评价模块

第六章　认识幼儿英语教育评价 ……………………………………………… 143
　　一、幼儿英语教育评价的概念 ……………………………………………… 143
　　二、幼儿英语教育评价的作用 ……………………………………………… 143

第七章　幼儿学习评价和教师教育行为评价 ………………………………… 145
　第一节　幼儿学习评价 …………………………………………………………… 145
　　一、幼儿英语教育评价的类型 ……………………………………………… 145
　　二、幼儿英语教育评价的方法 ……………………………………………… 147
　　三、针对幼儿进行英语教育评价的程序 …………………………………… 153
　　四、幼儿英语教育评价的注意事项 ………………………………………… 153
　第二节　教师教育行为评价 ……………………………………………………… 154
　　一、对英语教育活动的评价 ………………………………………………… 154
　　二、对教师素质的评价 ……………………………………………………… 155

第四篇　英语环境创设模块

第八章　幼儿园内英语语言环境的创设 ……………………………………… 159
　第一节　视觉英语环境的创设 …………………………………………………… 159
　　一、教室环境的创设 ………………………………………………………… 160
　　二、幼儿园公共环境的英语环境创设 ……………………………………… 162
　第二节　听觉英语环境的创设 …………………………………………………… 164
　　一、英语教育活动教师用语英语化 ………………………………………… 165
　　二、幼儿园日常生活中英语的交流 ………………………………………… 165
　　三、有效利用在园时间 ……………………………………………………… 166

第九章　幼儿园外英语学习氛围的创设 ……………………………………… 167
　第一节　注重幼儿园与家庭的协调 ……………………………………………… 167
　第二节　利用社会资源 …………………………………………………………… 168

第五篇　幼儿英语教育研究模块

第十章　幼儿英语教材的选择 …………………………………………………… 173
一、树立正确的教材观 ……………………………………………………… 173
二、幼儿英语教材选择的原则 ……………………………………………… 174

第十一章　幼儿英语教育科研内容及方法 …………………………………… 176
第一节　幼儿英语教育科研内容 …………………………………………… 176
一、幼儿英语教育科研 ……………………………………………………… 176
二、幼儿英语教育科研主要内容 …………………………………………… 176
第二节　幼儿英语教育科研方法 …………………………………………… 178
一、文献法 …………………………………………………………………… 178
二、观察法 …………………………………………………………………… 178
三、调查法 …………………………………………………………………… 178
四、实验法 …………………………………………………………………… 179
五、行动研究法 ……………………………………………………………… 179

第十二章　幼儿英语教育科研论文写作 ……………………………………… 180
第一节　幼儿英语教育研究的步骤 ………………………………………… 180
一、选题 ……………………………………………………………………… 180
二、查阅文献 ………………………………………………………………… 181
三、确定研究方法 …………………………………………………………… 182
四、制定研究方案 …………………………………………………………… 182
五、开展科研活动 …………………………………………………………… 183
第二节　幼儿英语教育相关科研论文写作 ………………………………… 183
一、教育科研论文的基本组成部分 ………………………………………… 184
二、几种主要教育科研论文类型的结构 …………………………………… 185

参考文献 …………………………………………………………………………… 188

第一篇

认识幼儿英语教育

第一章 我国幼儿英语教育现状

第一章课件

第一节 幼儿英语教育的概念

学习目标

（1）了解双语教育、第二语言教育与外语教育的概念。
（2）了解幼儿英语教育与幼儿英语教学。

技能要求

（1）能区分双语教育、第二语言教育与外语教育。
（2）能分辨幼儿英语教育与幼儿英语教学。

案例讨论

儿童英语教学法课上，同学们正在讨论：幼儿英语教育的含义是什么？它与幼儿英语教学有什么不同？

同学 A 说："我认为没什么大的区别，不都是教孩子学英语吗？"很多同学对此观点表示赞同，同学 B 摇了摇头，说："我觉得不对，教育的概念应该大于教学。也就是说，英语教育应该包含英语教学。"同学 B 的观点也得到了一些同学的支持。

谈到幼儿英语教育，首先要厘清以下概念：一是双语教育、第二语言教育与外语教育；二是幼儿英语教育与幼儿英语教学。

一、双语教育、第二语言教育与外语教育

亚利桑那州立大学的 Carlos J. 教授在他的 *Bilingual and ESL Classrooms* 一书里，这样定义双语教育："Any discussion about bilingual education should begin with the understanding that bilingual education is neither a single uniform programme nor a consistent 'methodology' for teaching language minority students. Rather, it is an approach that encompasses a variety of distinct goals."在 Carlos 看来,双语教育绝不仅仅意味着某一门课程,或者某一种教学方法,它更多的是一种渠道,是为了实现某些具体目标的渠道。他认为,双语教育的某些教育内容应该能够同时提升两种语言的应用能力,而还有些项目的教育内容应该达到帮助学生综合运用其第一语言能力的目标,因为第一语言综合运用能力的提高有助于促进学习者对目标语运用能力的转换。桂诗春先生在他的《我的双语教育》一文中表达了相似的观点,他认为母语学习与外语学习是相辅相成的,成功的外语学习要借助深厚的母语功底,好的双语教育离不开语言环境。

综上所述,双语教育的特点主要应有以下 3 点。

（1）继续发展学习者的第一语言。

（2）帮助学习者获得第二语言能力。

（3）运用两种语言进行学科领域学习的指导。

第二语言可以从狭义与广义两个维度来理解。狭义的第二语言是指在本国与母语同等重要的其他国内语种。例如,对于我国的一些民族来说,他们的母语是本族语,第二语言则是汉语。广义的第二语言可以指在本国与母语同等重要的其他任何一种语言,这种语言既可以是本国内的某种语言,也可以是某种外国语言。例如,在新加坡,当地人的母语是其本民族语言,如马来语、汉语或泰米尔语,而其第二语言则是英语。第二语言教育的突出特点如下:①具备使用第二语言的环境;②学习者通常可以通过耳濡目染,身居其间而逐渐获得熟练运用此种语言的能力。

外语教育既不像第二语言教育那样具有良好的语言环境,学习者拥有能够自然习得目标语的条件,也不像双语教育那样能够以两种语言为媒介,通过多学科领域的学习促进与发展母语及目标语。对它的学习缺乏环境的支持与影响,需要人为地创设很多机会去实践与运用。实际上,目前我国的外语教育通常指的是通过各级学校教育所实施的某种外语课程的教育教学,其目的是帮助学习者掌握目标语的语言知识,并获得运用这种语言的能力。Stem 在 *Issues and Options in Language Teaching* 一书中讲到了外语教育的意义,他认为,外语教育使得学习者与外语本族语者进行交流成为现实,使得他们能够阅读外文原著,方便了他们了解与参与目标语人群的生活。外语教育在我国存在与践行的意义也由此可见一斑。

通过以上概念的辨析,得出了幼儿英语教育的定义:幼儿英语教育是针对学龄前儿童,根据幼儿身心发展特点和语言学习规律,主要通过学校教育展开的,以培养幼儿英语学习兴趣为主要目的的外语教育活动。

在这个概念中,明确了幼儿英语教育活动开展的对象,确定了幼儿英语教育必须在尊重幼儿身心发展特点和语言学习规律的前提下展开,同时还强调了幼儿英语教育的主要目的不是要让孩子掌握多少知识,而是对幼儿英语学习活动的启蒙,是为了帮助他们获得对今后英语学习的感性认识,建立与保持他们对英语学习的浓厚兴趣,从而使他们养成良好的学习习惯,并摸索适合自己的行之有效的学习方法。

二、幼儿英语教育与幼儿英语教学

幼儿英语教学是指以课堂教学为主的正规性英语教学活动。由于语言输入的量有限，时间与空间都受到了一定的限制，且其教学目的以传授语言知识和训练学生运用英语的能力为主，因此很多时候，课堂活动结束了，英语教学工作也随之而结束。但是，英语教育则不然，它不但包括课堂英语教学活动，同时涵盖幼儿在园一日活动中的游戏活动和生活活动，甚至还应包括幼儿不在园所时的教育空间，它是英语教学的上位概念，其理想状态是以全日制渗透性活动的形式为幼儿创设外语语言环境，从而让幼儿在自然的、熟悉的情境中感受、运用并获得语言技能。

要做好幼儿英语教育，幼儿园需要为孩子提供良好的教育环境，包括优秀的师资队伍和良好的环境创设，从而保证孩子在幼儿园学习英语的质量。同时，家长也要尽量为孩子创设良好的家庭英语学习氛围，包括提供必要的学习设备、布置家庭环境和创设轻松的学习气氛。对于英语水平较高的父母来说，指导孩子的英语学习相对容易一些；反之，家长可能会力不从心。此时，家长可以充分利用其他资源，如光盘、磁带、电视节目、儿童学习计算机等，或者经常陪孩子看看幼儿英语节目、听听英语儿歌或故事以及点读学习等。总之，为了培养孩子对英语学习的兴趣、提高其英语水平，家长应充分调动一切有利于孩子学习英语的因素。

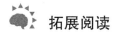
拓展阅读

双语教育的几种模式

双语教育如今也甚时髦，但是它的概念并不十分清晰，有几种不同的模式。①在一些双语社区(例如，加拿大魁北克地区既使用法语，也使用英语，而且各自有其使用的社区，包括教会和学校。)为了适应社会交际的需要，法语使用者学习英语，而英语使用者也学习法语；②在一些前殖民地地区(如独立前的印度)，当地人使用当地的语言，而官方的语言却是另一种语言(如英语)，故在学校里使用英语作为教学语言，让学生提高其英语素质，将来可以进入政府机关、学校、企业和公司工作；③在一些少数民族较多的发达国家(如美国)使用两种语言(如英语和西班牙语)作为授课语言。这在美国本是行之有素的，但是1998年美国加利福尼亚通过一条法例，叫作"227建议"，在普通教育中只使用英语来教学，这挑起了一场"只用英语"和"双语教育"的论战。语言学家，如 S. Krashen 主张双语教育可以从母语(西班牙语)入手，"逐步退出"到英语；④在学校里使用非母语(如英语)作为教学语言，其理念是掌握一门学科的同时，又学到一种外语，一箭双雕。在新中国成立前的某些教会学校就是使用这种模式。在某个意义上说，这是普通教育制度以外的"另类"教育，不可能成为普通教育的普遍模式。在大学里，也有人主张采用这种教学方式，用另一种语言来讲授某一门课。这也是高等教育制度中的"另类"教育，不可能成为高等教育的普遍模式。在我国，基本上是第四种模式。例如，有的大学试图用英语来讲授一些专业课程；也有些地方想从中小学开始就用英语来上一些科学文化科目,但是实际做法很不一样。有些民办中小学则在炒作,自称"全英制""全封闭式"等,实际上是如何运作的,可能很不一样,有待进一步的调查。但起码说明一点,从社会心理上看,双语教育是一项值得推广的事,特别是它在中国香港地区已行之有素。就像一些饭店专门标榜"港厨主持"一样,有些学校也在明里暗里模仿中国香港地区的教育模式。

节选自桂诗春《我的双语教育》

【思考题】

(1) 简述幼儿英语教育和幼儿英语教学的区别。

(2) 要做好幼儿英语教育,有哪些需要注意的问题?

第二节 我国幼儿英语教育现状概述

学习目标

(1) 了解我国幼儿英语教育的发展历程。

(2) 了解我国幼儿英语教育的发展现状。

技能要求

(1) 能总结出我国幼儿英语教育各个发展阶段的不同特点。

(2) 能对我国幼儿英语教育发展现状提出自己的看法。

想一想

你是几岁开始学习英语的?你认为你的英语启蒙教育成功吗?你所在的学校英语教育开展情况如何?存在哪些问题?

一、我国幼儿英语教育的发展历程

1. 鸦片战争到20世纪20年代初

这一时期的幼儿英语教育以外国人办学为主,带有浓厚的宗教色彩,且受教者极为有限,主要是特权阶层的孩子。

2. 20世纪20年代初到20世纪40年代末

这一时期的幼儿英语教育情况比较混乱,办学者当中既有外国人,也有中国人,既有官方的参与,也有平民的影子,我国国民办学的兴起使得教会的主导地位有所退让,英语教育逐渐走向民族化。

3. 20世纪40年代末到20世纪70年代末

这一时期是我国英语教育的空乏期,多年战乱导致幼儿英语教育的整体落后。新中国成立后由于与苏联关系密切,使得俄语一度成为我国外语学习的主要语种,英语教育基本处于停滞状态。

4. 改革开放至今

这一时期,教育论坛百家争鸣、教育资源不断丰富、教师队伍初具规模、教育模式不断改革创新、教学方法与教学手段也日益丰富,这些因素都促使幼儿英语教育逐渐走上规范化发展的道路。

二、我国幼儿英语教育发展现状

经历了风风雨雨上百年发展历程的幼儿英语教育,在今天这个国际化的社会里,在国家重视幼儿教育,提倡"教育要从娃娃抓起"的教育背景下,更凸显了其存在与发展的必要性与重要性。各种幼儿英语培训班层出不穷,许多幼儿园都争先恐后地向"双语"靠拢,以满足家长对幼儿园教育国际化的需求,因此越来越多的幼儿成为受教者,对幼儿英语教育的讨论与研究也逐渐多元化。当前的幼儿英语教育就好像一块"香饽饽",然而,这热闹的背后隐藏着诸多问题,因此需要人们对其进行理性的思考与对待。

1. 教育目标不统一

由于当前幼儿英语教育没有形成统一的教育目标,因此各园所在制定教育目标时较随意,有的园所只重视语言知识的掌握,为幼儿设定学会多少单词、多少句型的学习目标,而忽视了对语言交际能力的培养,教育目标较为片面;有的园所对幼儿学习英语的要求过高,要求幼儿在幼儿园阶段就能熟练运用英语进行日常交流,这样不切实际的高标准往往会给幼儿学习英语带来极大的压力,不利于培养幼儿学习英语的兴趣;有的园所教育目标过于笼统,导致教育活动的开展带有一定的盲目性。目标是行动的导向,幼儿英语教育目标的不一致势必会引起教育内容以及教育模式的盲目、混乱。

2. 教育内容的选择存在一定的随意性

由于当前幼儿英语教育没有统一的教育目标和教学大纲,因此教育内容的选择具有很大的随意性,园所说教什么教师就教什么。实际上,在这些内容当中,由于有些是幼儿阶段不必了解的,有些是幼儿阶段了解不了的,因此这些教育内容一旦实施,所造成的恶果可能是降低幼儿接触英语的兴趣,打击幼儿学习英语的积极性,并对幼儿未来的英语学习造成不良影响。

3. 教学模式的实施不符合幼儿学习英语的特点

教学模式是在一定的教学思想或理论指导下，建立起来的较为稳定的教学结构框架和活动程序。我国目前存在的幼儿园英语教学模式主要有3种：基于汉语的英语教学模式、全英教学模式和浸入式(immersion)教学模式。这3种教学模式都有其存在的理由，无论哪一种教学模式都有其优势，如基于汉语的英语教学模式，它能够利用在教学过程中使用母语的前提帮助所有幼儿较为容易地接受所教授的内容；全英教学模式则为幼儿创设了一个纯英语语言学习的环境，它注意到了英语作为一种有声语言必须注重听说能力的培养，同时，在一定程度上改变了以往英语教学效果听说能力与语言交际能力低下的缺点；而浸入式教学模式则尝试将英语语言学习与学科知识整合，它不但重视培养幼儿的英语语言运用能力，同时还帮助幼儿获得某一学科的专门知识。

再说幼儿语言发展的特点。从1岁半开始至6岁，儿童正式进入语言发展期，其语言发展具体表现在语言形式、语言内容和语言运用技能3个方面。其中，语音的发展在这一阶段尤其重要，幼儿英语教师应该充分认识到这一阶段幼儿的模仿能力特别强，要尽量为幼儿设置听辨语音，模仿正确发音的活动与游戏，从而让幼儿充满兴趣地熟悉、认知、获得正确的发音技巧。然而，在实施过程中，某些幼儿英语教师成人化的授课模式降低了幼儿学习英语的兴趣；不了解幼儿学习语言的特点，导致教师不能很好地把握授课重点，且对幼儿学习英语提出一些过高的、不切实际的要求。这些因素都会影响到今后幼儿学习英语的态度和兴趣。

4. 专业幼儿英语教师的匮乏极大地影响了幼儿英语教育的质量

一名专业的幼儿英语教师，不仅应该是英语教育专家，还应该是幼儿教育专家。只有两者完美地结合才能保证幼儿英语教育的顺利进行，才能保证幼儿英语教育的质量。但是，目前幼儿英语教师的实际情况并不乐观，要么只掌握了一定的英语教学技能，这样在应对幼儿英语教学内容时，虽然显得游刃有余，但往往容易忽略幼儿学习语言的认知特点，因此教学效果不是很理想；要么根本不具备合格英语教师的基本素质，如发音不准、口语表达不地道等，而这些问题会严重影响幼儿英语教育的质量，甚至成为幼儿未来学习英语的障碍。

5. 英语教育环境创设的局限不利于幼儿有效地学习语言

英语教育环境包括幼儿园环境、家庭环境、心理环境和文化环境。在亲切自然的物质环境、轻松愉快的心理环境和丰富新奇的文化环境中，幼儿带着浓厚的兴趣和强烈的求知欲接触英语、了解英语、尝试英语、运用英语。在这样的环境中，幼儿想说、爱说，并能在与谈话对象交流的过程中，逐渐掌握运用外语达到交流目的的能力。这样的语言学习是没有压力的，是轻松自然的，是符合幼儿语言学习特点的，是值得提倡的。正如《幼儿园教育指导纲要（试行）》中所指出的，"环境是重要的教育资源，应通过创设并有效地利用环境促进幼儿的发展。""要创造一个自由、宽松的语言交往环境，支持、鼓励、吸引幼儿与教师、同伴交谈,体验语言交流的乐趣。"由此可见,语言环境的创设对于幼儿英语教育的有效实施至关重要。

目前的幼儿英语教育环境质量不容乐观,主要问题表现在以下几个方面:①幼儿园语言环境的创设多停留在表面,而相对于张贴双语标志、悬挂英文条幅、软环境的创设较为薄弱,教学模式、教师素质等都极大地影响了幼儿英语教育环境创设的质量;②家庭英语环境创设的可行性小,英语在我国绝大多数家庭里就只是外语的概念,而没有使用英语的实际需求,家庭成员不会讲英语,或者英语水平极为有限,这些都限制了英语教育环境的创设;③跨文化教育环境的创设力度不够。语言是文化的载体,语言的学习必须发生在浓厚的文化氛围里,而文化无处不在,如何能让幼儿一入园就身处异国,目光所及之处皆为异国情调,在日常生活中时时处处受到多元文化的熏陶,这都是应该研究的课题。

综上所述,虽然目前国内幼儿英语教育的规模发展迅速,但是存在着许多的问题与误区,重视教育目标的统一、教育内容的规范、教学模式的创新与改革、教师素质的提升与教育环境的创设是解决问题、保证幼儿英语教育质量稳定前进的重要条件。

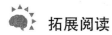

浸入式学科英语的发展历史

1. 浸入式在加拿大

语言问题过去一直是加拿大一个十分敏感的社会问题和政治问题。语言上的障碍而产生的法裔和英裔加拿大人及社团间的隔阂,导致了社会的不安定。直至加拿大议会通过了"官方语言法",规定英语和法语同为官方语言,这一问题才得到积极的解决。然而,这一问题的解决引起了单语加拿大人的就业危机。早在20世纪60年代中期,魁北克省的英裔加拿大人已经开始清醒地意识到,他们的就业和生存要求高水平的法语(法语既是该省大多数人口的母语,也是该省的官方语言)。但课时很少,而且主要是教授语法和进行记诵训练,使他们不具备用法语进行交流和工作的能力,从而失去了许多就业机会。所以,能否流利地掌握第二语言已直接关系到加拿大人的生存与发展。1965年9月,加拿大的圣·兰伯特的法语浸入式实验开始进行"浸入式"教育,至20世纪70年代末已经取得了出人意料的效果,并引起了全国范围的轰动。

当魁北克省的法语浸入式教学实验在媒体和学术刊物上介绍后,法语浸入式就开始向全国传播。1977年,加拿大成立了"加拿大家长推动法语学习协会"(Canadian Parents for French,CPF)。协会共由来自全加拿大的1.2万多名家长组成,并在全国设有150多个分会,其为法语浸入式教学模式的传播发挥了很大的作用。圣·兰伯特学校的早期全浸入式法语教学作为最典型的模式得到了广泛的宣传。

根据加拿大1996年的统计(Statistics Canada,Census of Canada,1996),17%的加拿大人,即480万加拿大人能讲英语和法语,比1951年提高了12%。绝大多数的双语者集中在安大略、魁北克、大不列颠哥伦比亚以及新布鲁斯威克等省。但近些年来,各省的双语人数都在增长。加拿大的双语少年(15~19岁)占少年总数的24.4%以上,且在有的省份已高达

40%以上。现在加拿大每年都有大约30多万在校生接受第二语言浸入式教育。Culmins(1991)估计,对加拿大浸入式教育进行的专门研究已达上千项,几乎每一个新的浸入式项目都有自己的研究。法语浸入式教学模式近20年来在加拿大不仅以其多种形式广泛推广,而且还应用到多个语种。例如,英语、日语、汉语、印尼语和俄语等语种的第二语言教学中。

各类浸入式实验的成功推动了加拿大浸入式教学模式的发展。研究和评估的结果一致表明:通过浸入式教学,学科课程的学生成绩都明显高于其他外语教学模式培养出来的学生成绩。浸入式儿童具有较强的文化敏感性,对他文化表现出积极的态度和认识,有利于加强英裔和法裔加拿大人之间的交往、相互理解与尊重。浸入式学生的思维敏捷性、理解力和判断力都明显优于单语儿童。

20世纪80年代以来,除了幼儿园和中小学之外,第二语言浸入式教学模式也向加拿大的高等教育机构传播。渥太华大学所有的专业课程都为学生提供法语和英语的浸入式教学,并要求已通过第二语言水平测试的学生每学期修习1~2门浸入式教学的专业课程,同时在心理学公共课上进行了第二语言浸入式教学的尝试。法语浸入式教学的创举,不但在加拿大中小学引起了一场以法语为第二语言教育的巨大变革,而且对整个加拿大教育产生了一种强大的冲击和影响。

2. 浸入式在全世界

芬兰的第二语言浸入式教育受益于加拿大在这个领域的开拓性成果,现在已有4000名学生正在浸入式教学中学习第二语言。匈牙利正在进行英语浸入式实验,澳大利亚也在进行法语、日语、汉语以及印尼语的浸入式教学。美国近年来开始对朝鲜语、俄语和日语进行浸入式教学。根据1997年"应用语言学中心"(Center for Applied Linguistics)的调查,美国31个州的243所学校在对9种不同的语言进行全浸入、半浸入以及双向浸入式的教学。此外,荷兰、新加坡、南非等国也都进行了不同类型的第二语言浸入式教学的尝试。由于近几十年加拿大对第二语言浸入式的理论探讨和教学实践,使这个国家走在了世界双语教育研究的前列,同时浸入式教学也成为当今世界范围内第二语言教学成功的典范。

3. 浸入式在中国

虽然,我国已有100多年的正规英语教育的历史,目前中小学英语教学的效果也在不断提高,且大学英语教学与考试也在不断改革。但是,我国英语教学的总体水平却不能令人满意,存在"费事较多、收效较低"的普遍问题,突出表现在绝大多数学生缺乏英语应用能力和交际能力,难以适应时代的需要。特别值得深思的是,在儿童英语教学上,一直没有摸索出一条既能适应儿童身心发展,又能使儿童轻松愉快地学习和掌握第二语言的途径。

新的形势向我国教育界提出一个挑战:怎样满足全民对英语的需求?如何从儿童抓起,培养更多的适应现代化建设的双语人才?加拿大的法语浸入式教学为我们提供了可资借鉴的模式。1997年6月,值"中加教育合作项目双语研究研讨会"在西安召开之际,我们与加拿大大不列颠哥伦比亚大学和多伦多大学的学者共同切磋、反复商议,成立了"中加教育合作英语浸入式教学实验课题组",制订了实验方案,并于1997年9月在西安具有不同代表性的8所幼儿园和5所小学开始了早期英语半浸入式教学实验。该实验的目的是探讨我国儿童学习和掌握外语的最佳途径,有效地解决我国双语人才培养的途径和质量问题。

摘自《浸入式学科英语》

【思考题】

结合本节内容,谈谈你对当地幼儿英语教育发展现状的看法。

第二章 学前英语教师应具备的知识、能力与素质

第二章课件

第一节 幼儿英语教育师资资格标准

学习目标

(1) 了解幼儿英语教师应具备的专业知识、能力与素质。
(2) 了解幼儿英语教育师资资格标准。

技能要求

(1) 能对自己已具备的专业知识、能力与素质进行客观评价。
(2) 能用幼儿英语教育师资资格标准要求自己。

案例讨论

Lily 老师正在给小班的孩子们上英语课,她是一名刚刚大学毕业的新老师。本课内容是"我喜欢的颜色"。

课堂实录如下。

Lily:Good morning, children!

Kids:Good morning, Lily!

Lily:Today, we will learn a very interesting lesson—my favorite color. Now, please look at the blackboard.

(some words written on the blackboard:blue,red,white,yellow pink)

Lily:Please follow me to read all the words, blue ↗ blue ↘, red ↗ red ↘…

(Kids:follow, but bored)

请同学们讨论以下问题。

(1) 你认为 Lily 的课上得怎么样?为什么?
(2) 你认为一名合格的幼儿英语教师应具备哪些素质?

一、多重专业知识结构

1. 幼儿英语教师必须具备丰富的幼教知识

幼儿英语教师必须熟悉教育学和幼儿心理学,掌握幼儿教育规律,了解幼儿学习英语的特点以及幼儿的记忆、观察、思维和兴趣、意志力、性格等心理现象。掌握了这些知识,就能根据幼儿的智力发展特点和英语语言学习的特点进行有针对性的教学,就可以避免在教学中走弯路。案例讨论中的 Lily 就是因为不了解幼儿的学习特点,没有采用游戏活动的形式来组织教学,致使教学方法枯燥乏味,教学模式过于成人化。

幼儿语言认知的特点和实际的工作经验告诉人们,做一名合格的幼儿英语教师,幼教知识是必要而且重要的。

2. 幼儿英语教师必须具备丰富的英语知识

学前英语教师应具有特定的学科知识。学前英语教师与幼儿教师最大的区别在于,不但要拥有扎实的学前教育专业知识,还要具备较高水平的英语语言知识,这是从事学前英语教育的必要条件。

(1) 语音

北京外国语大学教授吴冰曾说过,"语言是有声的,因此,一开始就要把语音的基础打好。只有发音正确,别人才能听懂你的话,同时也便于你自己通过'听'来学习新的知识。"纯正的英语语音是一名合格的幼儿英语教师必备的专业基础。试想,如果老师的发音都不准,教出来的孩子又如何能讲得一口纯正自然的英语呢?在英语语音学习中,要应对其中所有的现象,包括音素、拼读、重音、省音、节奏、弱读、停顿、声调、连读和语调等。学生在具有一定的语音知识和实践的基础上,对基本语音理论进行反复练习,将单项训练与综合练习相结合,通过句子与语篇的朗读获得良好的英语语音与语调。良好的英语语音对听说技能的培养有直接作用,对读写技能的培养也有促进作用。

(2) 词汇

作为语言的三大构成要素之一,词汇是语言表达的基础,正如 Hamer 所言,"词汇是语言的器官和血肉。"英国著名语言学家威尔金斯说:"没有语法,人们可以表达的事物寥寥无几,没有词汇,则无法表达任何事物。"词汇包括读音、书写形式、词意及词的搭配用法等几个方面。词汇的学习是语言学习的一个非常重要的内容。词汇量的大小直接决定着语言水平的高低。不掌握一定数量的词汇,就无法运用语言进行交流。

(3) 语法

幼儿园英语教学以听说训练为主,重点培养幼儿学习英语的兴趣和初步运用英语进行交际的能力。语法是用词造句规则的综合,掌握了必要的语法知识,可以更好地指导教师自身听说读写等语言应用能力的提高,教师符合语法规则的表达对幼儿口语的训练能起到良好的影响和指导作用。值得注意的是,当幼儿英语教师在进行语法知识传授时,切不可采取

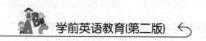

成人化的教授模式,而应让儿童在运用语言时,亲身体会和领悟正确的语法形式对于语言表意功能的重要性。

3. 幼儿英语教师必须具备丰富的跨文化知识

语言是文化的载体,文化是沟通的关键。没有文化背景的支撑,人们很难学到一门语言的精髓,正如著名英语教授王佐良先生曾经说过的那样,"不了解语言中的社会文化,谁也就无法真正掌握语言。"即使具备了一定的语言知识,也并不意味着同时就具备了交际能力。仅靠语言的"物质"外壳——纯正的发音、大量的词汇和准确的语法知识,而没有对英语所承载的文化内涵有较好的理解,往往会在语言交流中遇到许多障碍;反之,在了解异国文化的基础上去学习语言,很多时候可以收到事半功倍的效果。幼儿园的主题活动中有许多跨文化交际的内容,这些活动的开展,有利于培养幼儿的跨文化意识,有利于增强幼儿学习英语的兴趣,有利于英语语言的深度学习,跨文化意识的获得将成为幼儿今后英语学习的菌丝。

因此,幼儿英语教师应特别注意自身跨文化意识的培养和英语国家文化知识的积累,只有这样,才能在教育过程中潜移默化地影响幼儿的跨文化意识的形成,并在帮助幼儿习得一种外语的同时,习得该民族的文化。

二、较高的专业能力

1. 良好的综合语言运用能力

幼儿英语教师应具备良好的综合语言运用能力,教师学习外语时积极的情感态度、扎实的语言知识、丰富的语言技能、有效的学习策略和较强的文化意识,都将在教育过程中深刻地影响幼儿,从而有益于幼儿综合语言运用能力的形成与提高。

教师应有机地结合这5种素养,并依据它们设计具体的教学活动,引导幼儿在活动中运用英语,且在活动的过程中发展其语言能力、思维能力以及交流与合作的能力,从而帮助幼儿在自然运用的过程中逐渐获得综合语言运用能力。

2. 较强的英语教育环境创设能力

参考《幼儿园教育指导纲要(试行)》中幼儿语言发展的目标:第一,乐意与人交谈,讲话礼貌;第二,注意倾听对方讲话,能理解日常用语;第三,能清楚地说出自己想说的事;第四,喜欢听故事、看图书;第五,能听懂和会说普通话。基本可以将幼儿英语语言的发展目标确定为如下几个方面:①发音清楚、正确;②丰富幼儿词汇;③发展幼儿英语思维和英语口语的表达能力。英语的使用离不开特定的环境,只有在一定的环境里,语言才能获得它的生命力,才能体现它的价值。教师在创设环境时,既要注重课内英语语言环境的创设,也要注重课外英语语言环境的创设;既要重视幼儿园内英语语言环境的创设,也要重视幼儿园与家庭的协调;既要注重提高英语教师的英文水平,也要注重提高其他教师的英文水平,从而帮助幼儿在使用中习得语言。

3. 英语教学的组织、实施与课堂管理能力

幼儿英语教师应具有较强的教学组织与实施能力,在教学过程中要始终坚持生动、活泼的教学组织与实施的形式。例如,一个动感十足、新颖有趣的导入设计,它能够完全吸引幼儿注意力,帮助营造良好的英语学习氛围;一种充满了神秘色彩的呈现新语言材料的形式或方法,能够成功地使幼儿充满好奇感和求知欲;事先预设好了的、紧凑而多样的操练活动,它能够使人不知厌倦地、充满激情地练习所学内容。好的教学组织能够拟定课堂教学中的各个环节、各个步骤之间的衔接方式,找准新旧知识点的衔接,并安排好教学步骤,从而使儿童轻松愉快地体验学习英语的乐趣。

教学实施的过程中有许多未知因素。首先,课堂是由一个个充满了灵性与幻想的小天使们组成的,他们的小脑袋里经常会冒出令人琢磨不定的想法,也可能会有各种各样奇怪的问题,当老师遇到类似这种情况时,应具有良好的应变能力,课堂驾驭能力此时显得极其重要。此外,由于幼儿生性活泼,在上课过程中始终保持一个坐姿对他们来说确实是非常大的挑战,因此适当的、小幅度的、不影响他人的活动应该得到允许。最后,由于幼儿英语教学形式一般以活动为主,因此在活动开展的过程中,进入角色的幼儿很容易兴奋,造成整个课堂的混乱与喧闹,此时就需要教师有很好的课堂管理能力,运用各种驾驭课堂的技巧,做到动静结合、收放自如。

4. 研究能力与反思能力

教育实践能力、教育研究能力和教育反思能力是教师专业化发展中的 3 个重要目标,这 3 个方面的发展和提高是教师专业化水平的重要体现。对于从事学前英语教育的教师来说,研究能力非常重要。因为目前我国的幼儿英语教育仍处在试验探索阶段,没有成熟的幼儿英语教育模式可以借鉴,幼儿英语教育领域中有很多值得探讨的课题,需要教师在英语教学实践的同时进行研究、探索与总结,从经验型教师转变为研究型教师,其专业化水平才能获得长足的发展与提高。

从教师成长和发展的趋势来看,教师的专业成长离不开反思。美国心理学家波斯纳曾经提出了一个教师成长的公式:成长=经验+反思。可以说,反思是教师自身发展的基础和前提,重视反思、不断反思,教师成长得就快。叶澜教授说:"一个教师写一辈子教案不可能成为名师;如果一个教师写 3 年教学反思,就有可能成为名师;若能坚持,成不了名师也能是成功之师;但是,如果一个教师仅仅满足于获得而不对经验进行深入的思考,那么他可能永远只停留在一个新手型教师的水准上。可以说,反思既是教师自身发展的基础和前提,也是教师成长的新起点。"

教学反思首先是对教育观念的反思。"观念是行动的先导",随着社会经济及其他各领域的迅猛发展,今天的学生无论在生理上和心理上都与以前的学生大不相同,如果教师的教育观念停滞不前、抱残守缺,那无疑会极大地影响教学效果。反之,如果一个教育工作者时常对自己的教育观念加以追问和质疑,就会不断深化自己的教育思想,久而久之,就能厚积而薄发,熟练运用先进的教育理念指导教育行为,轻松驾驭教育技巧和教育手段,从而达到

良好的教育效果。其次是对课堂教学的反思,是提高课堂教学效果、促进教师专业成长的重要举措。教师必须重视反思自己的教学行为,只有善于总结教学过程中的成败得失,养成对教学过程进行回顾、分析和审视的习惯,并逐渐形成教学反思的自觉意识和自我监控的能力,才能不断提高专业能力。总之,反思是教师专业成长的基础。是否具有有效反思的意识和能力是区别经验型教师与专家型教师的重要标志之一。一个普通教师能否成长为优秀教师,关键就在于其能否对自己的教育实践进行有效的反思与优化。

三、良好的综合素质

1. 职业道德素质

古往今来,有多少教育名家在谈及教师素质时,都将"德"字置于首位。教师是立校之本,师德是教育之魂,正如陶行知先生所说的,"因为道德是做人的根本。根本一坏,纵然你有一些学问和本领,也无甚用处。"教师的师德直接影响着学生的素质,关系着教育事业的成败和兴衰,要让孩子们先学会做人,再学会做事,最后学会如何做学问。学校要重视教师的师德建设,教师要注重自身的品德修养,首先要让自己成为一个品德高尚的人,当得起一个"范"字,在这个大前提下,再讲才,再来讨论丰富的知识、较高的能力和素质。

2. 专业素质

那么,具有什么专业素质的人适合从事幼儿英语教育工作呢?

幼儿有无兴趣学英语、英语教育效果好不好,关键在于教师的组织与引导。凡是那些既懂得幼教知识,又具备了儿童英语教育相关知识与技能的教师,教育的效果就好;而那些具备了英语教育相关知识与技能,但却对幼教一窍不通的教师,不仅不能很好地抓住幼儿心理,也不能根据幼儿学习语言的特点组织教学,因此教学效果不理想;而对于第三类教师,即那些只懂幼教、英语水平不高、英语教育技能较弱的教师,后果就更为严重,其英语语言面貌的落后极大地影响了对幼儿的英语启蒙教育,幼儿很有可能留下后遗症,不利于今后的英语语言学习。为此,要保证幼儿英语教育的效果,就必须重视幼儿英语教师的综合素质,他们除了具备普通教师应有的素质,如良好的师德、先进的教育理念、丰富的教育知识与技能以外,还应特别重视幼儿教师的专业素质、英语教育专业素质以及个人心理素质等。

(1) 较高的幼儿教师专业素质

首先,幼儿英语教师要树立正确的幼儿教育观。幼儿是祖国的花朵,是我们国家、民族的未来和希望。幼儿应当成为全面发展,开拓进取,立足本国,放眼世界,善于与人合作,具有高尚品德和创新、竞争意识的人。作为新时期的幼儿教师,应当从这一培养目标的高度出发,怀着强烈的使命感和责任心,去尊重幼儿、了解幼儿、热爱幼儿、教育幼儿,只有这样才能像陶行知先生所倡导的那样事事处处充分发挥幼儿的积极性、主动性、创造性。只有在充分发挥幼儿主动性的前提下,才能因势利导、循循善诱、鼓励幼儿进步。端正幼儿教育观需要幼儿教师做到以下几个方面。

① 爱岗敬业,具有高度的责任感和事业心。
② 尊重每一个幼儿,平等地对待每一个儿童。
③ 以正面教育为主,用积极乐观的心态影响幼儿。

其次,幼儿英语教师要具备幼儿教师的业务素质。

① 清楚、流畅、生动、简明、富于感染力的语言表达和良好的弹、唱、跳、画、做、说的教学基本功。
② 能及时更新教育观念,积极主动地获取知识,对社会和各种先进文化有追求。
③ 具有随机应变的能力,能灵活处理突发事件。
④ 能熟练运用现代化教学手段,能自己设计、制作多媒体教学软件,会用网络收集、积累、编撰信息。
⑤ 有较强的组织管理能力,能帮助幼儿建立良好的生活常规和习惯。
⑥ 有强健的体魄、优雅的举止、仪态和行为规范。

(2) 英语教育专业素质

第一,加强幼儿英语教师专业情感素质的培养。苏霍姆林斯基曾经说,"在学校里,知识是不可能冷冰冰地、毫无感情地从一个脑袋装进另外一个脑袋的。"他常对教师说,"你不是教物理,而是教人学物理。"这句话看似平凡,其实非常形象地传达了人道主义教学观和教育观对于搞好教育的重要性。尤其是当面对那些胆小的、可爱的孩子们时,更应该在教育过程中处处展示"情感"二字,如果教师能够将他的一腔爱意与专业教学结合起来,那么他的教育教学行为就一定是温暖而催人向上的;第二,不断提升幼儿英语教师的教育教学素养,这其中,幼儿英语教学法与技能扮演着非常重要的角色。由于儿童天性活泼好动,在学习中很难有持久的耐力,且容易走神,因此要使幼儿长久地关注课程,就必须想尽一切办法使他们对课程内容感兴趣,让他们学得有趣,让他们在"玩中学",同时要达到这一目标,教师还必须掌握多种教学方法,不断改进自己的教学技能,提高教学组织与实施的质量;第三,加强幼儿英语教育科研及教研活动。幼儿英语教育在我国还处于探索阶段,有许多值得开展的教研活动与科研课题,教师不断提升自身的科研能力是成功实现"技能型教师向研究型教师"转变的必由之路,同时也能够促进整个幼儿英语教育研究水平的提升。

(3) 塑造健康乐观的心理素质

由于幼儿教师的职业特殊性,使得教师在与幼儿的交往中要耗费大量的心力,且容易陷入紧张、焦虑、压抑、苦闷之中。因此,幼儿教师必须要有良好的心理素质,即积极、主动、乐观、自信、灵活、宽容,并能勇敢面对竞争的压力和工作的挫折,且善于与人沟通,能够努力改善日常生活的氛围,自我调节紧张、压抑的情绪,从而使自己在工作中始终保持神采奕奕、积极向上的精神面貌,给幼儿营造出宽松、和谐、愉快的教育氛围。幼儿教师心理素质是一个多种因素构成的概念,它主要包括职业心理特征、人格心理特征和适应性心理特征3个维度。

① 职业心理特征。职业心理特征分为7个方面,即灵敏性、创造力、非权势性、期望感、移情性、激励性、教学效能感。教师通常在幼儿心目中有很高的威信,是幼儿模仿的对象,教师的一言一行都会潜移默化地影响到幼儿。教师在教学过程中所展现出来的灵敏性、创造

力、非权势性、期望感、移情性、激励性、教学效能感都在悄悄地发挥其示范性,会让幼儿们逐渐感受并被影响。因此,幼儿教师具备良好的职业心理特征非常重要。

心理健康的幼儿教师,首先能够对自己的能力、性格中的优缺点作出客观的、恰当的自我评价,既不自大,也不自卑。对自己的优点不感到骄傲,对自己的缺点也能心平气和地接受,不会经常抱怨,经常能从工作生活中获得满足感。能够勇敢地正视自己,友好地接纳他人,具有很强的亲和力,发自肺腑地热爱幼儿,真正地亲近孩子、关心孩子,能够相对容易地激发孩子们体验生活、探索生活、创造生活的兴趣与内驱力。

② 人格心理特征。人格心理特征包含有恒心、自信、成就动机、责任感、客观公正性、自尊感6个方面。具有健全人格心理特征的教师能够很好地管理自己,且善于把握机遇、创造机遇,有恒心、有毅力克服困难,更容易成为生活中和工作中的强者。幼儿正处在人格形成的时期,模仿力强、可塑性大,教师健康的人格对幼儿优良的人格心理特征的形成和发展有着重要影响。

③ 适应性心理特征。适应性心理特征的表达要素是乐群性、心胸豁达、监控性、轻松兴奋、挫折耐受性5个方面。一个人能否尽快地适应新环境,能否处理好复杂、重大或危急的特殊情况,与其适应性心理特征的发展有很直接的关系。幼儿适应性心理特征的形成与发展有赖于幼儿教师在这方面对其的影响与引导。这就要求幼儿教师有一颗合作、宽容、坚强之心。一个教师在教育活动中,可能会遇到很多不如意的事情,如果教师能以豁达轻松的心态处理好自己与集体、与家长、与幼儿、与其他各方面的关系,就会为幼儿树立学习的榜样,起到言传身教的效果。在日常的教育教学活动中,教师要创造与幼儿互相理解、彼此信赖、互相包容的氛围,鼓励幼儿树立自信心,引导他们以正确的态度对待成功与挫折、表扬与批评。这样,有利于孩子适应性心理特征的形成与发展。

除此之外,幼儿教师还应该有热爱生活、追求健康、愉快生活的精神面貌;能够始终以积极向上、饱满热情的心态对待工作;有较强的沟通与协作能力,能够与家长、幼儿园、社区建立并保持良好的合作关系;能够控制和调整自己的情绪和态度等,这些都是幼儿教师应该具有的健康心理素质。

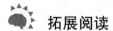 **拓展阅读**

评评老师,国外当幼儿教师啥要求?

许多国家把培养师资的工作作为学前教育发展与提高的基石。为了培养高质量的学前教育师资,提高教师的职业素养,各国采取了一系列措施。

首先,提高学习年限和学历要求。20世纪90年代,土耳其、西班牙、匈牙利、澳大利亚等国家均把学前教育师资的培养时间从原来的两年延长至3年或4年;奥地利把学前教育教师培养时间从4年改为5年。意大利《幼儿园大纲》明确规定,无论公立园还是私立园教师都要参加大学的专门课程培训,并经过考试,合格才能进入学前教育机构任教。美国"开端计划"规定,至少50%的教师需要达到本科学历。而公立学校设立的学前启蒙班及学前班,教师必须全部达到本科学历。

其次，建立教师资格制度。在有些国家，幼儿教师的学历要求起点是大专，但是相应的培训和资格认证却十分严格。例如，要想在日本获得幼儿园教师资格，需参加日本文部科学省幼儿园教师资格认定考试。该考试每年一次，由文部科学省指定的东京学艺大学、北海道教育大学等12所大学具体实施。在英国，幼儿教师的师资简历要从中学看起。不仅需要通过教师入门培训、获得教师资格，还要求中学毕业考试中英语、数学、科学等科目获得优良等级的成绩，并且没有犯罪记录。这还仅仅是门槛限制，很多学前教育机构还需要申请者通过考试，获得英国商业与技术教育委员会幼儿看护资格证书。

为了吸引和留住优秀的幼儿教师，许多国家越来越重视在职教师的专业发展以及待遇保障。英国政府提供经费，鼓励教师到大学短期幼教培训班学习或参加各种会议，组织教师到其他幼儿园观摩。日本和韩国的公立幼儿园教师和中小学教师一样属于教育公务员，且与地方公务员地位相当。在美国学前教育入学率最高的俄克拉荷马州，所有教师必须有学前教育专业的本科学位。教4岁孩子的学前教师和高中生物教师可以拿同样的工资。

节选自中国教师报《国外学前教育那些事儿》

【思考题】

根据本节所讲到的内容，说一说幼儿教师应该侧重培养自己哪些方面的素质和能力。

第二节　幼儿英语教育师资的培养

学习目标

（1）了解国外幼儿教育师资的培养。
（2）了解国内幼儿教育专家对幼儿师资培养的观点。

技能要求

（1）能对国外幼儿教育师资的培养进行客观评价。
（2）能对国内幼儿教育专家对幼儿师资培养的观点提出自己的看法。

想一想

（1）幼儿英语教育师资的培养有哪些途径？
（2）你对自己的专业成长有什么规划？

由于幼儿英语教师的素质直接影响着幼儿英语教育的质量，因此要提高幼儿英语教育质量，就必须做好幼儿英语教师的培养工作，这就不得不提到培养的两个重要阶段：职前培养与职后培训。

一、国外幼儿教育师资的培养

1. 美国学前教师的职前培养与职后培训

美国学前教育师资的职前培养主要由高等院校附设的教育学院或教育系承担,包括职业中学、初级学院、本科生教育和研究生教育等几个层次。除了开设自然、科学、生物、人文等通识类课程以及学前儿童发展、学前儿童健康与安全和营养、学前儿童教育、学前儿童课程等专业课,期间还要进行教育实践,且上岗之前必须参加培训。美国教育协会对教师培训的核心课程提出了建议:丰富教师对儿童语言习得、语言使用方面的相关知识,使人文基础课程的广度与专业学科的深度并重。

新教师任职一年后,所在学校的校长会组织考评小组,由学校领导、经验丰富的老教师组成,对其进行考核。两年后再由专人按照一定的评价标准对其进行实地考核,内容涵盖个案、学生意见、考试成绩和其他教师的评价等。此外,在职教师每年还要去大学拿学分,规定必修不少于两门课,这种做法体现了终身学习的理念。

总体而言,美国学前教师的在职培训非常务实,且注重循序渐进,并针对学前教师的具体情况,提出适当的训练目标,从而使每个教师都能在原来的水平上有所提高。

2. 英国学前教师的职前培养与职后培训

英国学前教师的培养由教育学院、多科技术学院教育系和艺术训练中心实施。教育当局对招生对象有具体规定,要求具有良好的性格、身体健康、入学前曾有半年至一年从事学前教育的实际工作经验、具有高中毕业文凭等。英国学前教育专业所学课程十分广泛,一般包括3个部分:普通教育课程,主要学习英语、数学、宗教、体育、教育学、心理学等;职业教育课程,包括幼儿教育法、幼儿保健法、游戏等;教学实习,这是为帮助学生了解并胜任未来的教师工作而安排的,主要是指如何观察儿童、如何照顾儿童以及如何组织儿童活动等。待学生毕业后,要经过一年的实习考核,合格者才能获得由教育部颁发的教师证书。

英国学前教育机构非常重视对教师的职后培训,几乎所有的教育机构都规定保教人员在职期间必须定期参加专业培训。1992年,英国政府发布教育白皮书,规定新任教师每年要有1/5的进修时间,正式教师每7年轮流脱产进修一次,力求在任何时间内,有3%的教师能够带薪进修。

3. 日本学前教师的职前培养与职后培训

日本学前教师的职前培养由大学和短期大学承担,主要开设的课程如下:一般教育科目,包括人文科学领域、社会科学领域和自然科学领域的系列课程;保健体育科目,包括保健体育理论与实技;外国语科目;专门教育科目,包括教育科学教育、教育职业教育以及幼儿园专供课程等。其中,一般教育科目约占总学分的1/4,专门教育科目约占总学分的1/2。

日本的学前教育课程体现了基础理论与专业理论相结合的专业教育。

日本对幼儿园教师的职后进修有严格要求,力争做到制度化、规范化。日本早在1949年颁布的《教育公务员特例法》中第19、20条规定里就指出,"教育公务员为履行其职责应不断地进行进修","教师在不影响正常教学的范围内,可以脱产进修或者在职长期进修"。由于进修的方式与种类繁多,因此教师可以根据自身的情况选择适合自己的进修方式,整个职后进修体系能够保证教师的专业成长与可持续发展。

综上所述,分析这3个国家在幼儿教师职前与职后培养方面的具体做法,发现了以下几个共同点。

第一,高度重视对幼儿教师的职前与职后培训,职前培养对招收的对象有具体的规定,对不同的岗位做出了具体的任职要求与学历水平要求,当新教师上岗一定时间后,要求必须进行职后培训。

第二,重视对在职教师教育观念的改革与实践经验的更新,力求使教师的理论水平与实际操作能力与时俱进,职前与职后培养已经形成了一个较为稳定的系统,有力地保证了教师成为研究型的教育教学人员。

第三,无论是职前培养还是职后培训,一般都由正规的中高等教育院校承担,都开设了通识教育科目与专业教育科目,要求幼儿教师的知识结构全面,且在通晓多学科领域的同时具备较高的专业水平。同时,课程设置中还体现了理实一体化的理念,对教师的实训比例做出了具体的要求与规定。

二、国内幼儿教育专家对幼儿师资培养的观点

(1)"幼教之父"陈鹤琴创办了中国第一所公立幼稚师范学校,并提出了"活教育"三大目标。目的论:做人,做中国人,做现代中国人;课程论:大自然、大社会,都是活教材;方法论:做中学,做中教,做中求进步。在"幼师"中,"活教育"被广泛应用于教学、实践和生活的各个环节;"三大目标"作为最重要的办学宗旨和目标,受到全体师生的尊崇;要求教师"教活书、活教书、教书活";要求学生"读活书、活读书、读书活""教学做合一""手脑并用",实验精神和敬业、乐业、专业、创业的作风成为师生们自觉的行动。当时,"幼师"开设的主要课程有幼儿启蒙、幼儿心理学、幼儿图画、幼儿教育学和音乐课、体育课等。除了上课外,师生们还参加修路、种菜、栽花、打扫卫生等劳动。

(2)陶行知坚持从实际出发,培养幼儿师资,他根据当时的社会实际,提出3条培养幼教师资的途径。一是为节省资金,陶行知主张"训练本乡师资教导本乡儿童"。他认为可以从本村中吸收"一二天资聪敏,同情富厚之妇女""经过相当训练之后,出来担任乡村幼稚园的教师";二是创办幼稚师范学校。1927年3月,他在南京创建了晓庄师范学校,培养目标是具有"康健的体魄、农夫的身手、科学的头脑、艺术的兴趣、改造社会的精神"的乡村幼儿教师;三是实行"艺友制",即"用朋友之道,教人学做艺术或手艺"。艺友制的根本方法是教学做合一。事怎样做便怎样学,怎样学便怎样教。教的法子根据学的法子,学的法子根据做的法子。先行先知的在做上教,后行后知的在做上学。大家共教共学共做,艺友制是彻底的教

学做合一。

两位前辈所执有的幼教师资培养理念十分务实,从生活中来、在生活中学、到生活中去。他们倡导的"做中学、学中做"概念对今天幼儿师资培养的总体设计仍有着极大的指导意义。

三、幼儿英语教育师资力量培养

总结前人的经验,借鉴国内外先进的培养理念,要培养合格幼儿英语教育师资,须做好以下工作。

1. 幼儿英语教育师资的职前培养工作

目前,幼儿园英语教育师资的来源如下:①园所对在职的非英语教育专业的幼儿教师进行英语教育教学培训,使他们获得幼儿英语教育教学的能力;②对园所在职的英语专业毕业的幼儿教师进行幼儿教育知识与技能的培训,使他们掌握幼儿教育教学的专业知识,并结合已有的英语知识,成长为幼儿英语教育师资;③为数不多的幼儿英语教师是科班出身,他们通常只需要经过短期的实习与培训,就能完全胜任幼儿英语教育教学的工作。比较这3类幼儿英语教师的专业素质,显然通过高校幼儿英语专业培养的人才更符合岗位需求。因此,幼儿英语教育师资的培养应该更多地通过正规高等院校来实施,学历层次可以多元化,但是无论是本科教育还是专科教育,都应该注意坚持课程体系的理实一体化,注重抓好教师的理论水平与实际技能,重视教师可持续发展能力的获得。建议开设的课程应包括通识教育类课程和专业类课程,同时应该特别重视实习实训教学的开展。通过这些课程的学习与训练,学生不仅可以较好地掌握幼儿教育理论和技能,还可以系统地学习幼儿英语教育的专业课程,并具备了幼儿英语教学的能力,这样毕业后便能够较快地胜任幼儿英语教师岗位。

2. 对现有的幼儿英语教师实施针对性的职后培训

(1) 对幼教专业毕业的幼儿英语教师进行职后培训

幼教专业毕业的现任幼儿英语教师,学前教育理论知识比较丰富,但没有经过英语专业知识与技能的学习,因此在英语语言素质与英语教学技能方面有欠缺。对这部分教师的培训,可聘请高校专业英语教师,通过英语语音与朗读、英语视听说和幼儿教师英语口语的强化训练,提高其英语语言素质;通过英语教育心理学、儿童英语教学法与技能、儿童英语课堂组织与活动设计、幼儿英语课堂实训等课程的学习,提高其英语教学水平。

(2) 对英语专业毕业的幼儿英语教师进行职后培训

虽然,英语专业毕业的现任幼儿英语教师有较好的英语语言面貌,且具备丰富的英语语言知识,但其缺乏幼儿教育学、心理学及幼儿英语教学理论知识与技能。对这部分教师,应充分调动其主观能动性,鼓励其自学幼儿教育的相关知识,在教学工作中注意观察幼儿、积累经验,尽量采取符合幼儿语言学习规律的教学方法与教学手段,运用幼儿游戏组织教学,让孩子们在玩中学,培养其学习英语的兴趣,养成良好的学习习惯。此外,还可聘请学前教育专家、有经验的幼儿英语教学骨干,利用假期或业余时间组织教师参加培训。

3. 通过"顶岗实习、置换培训",提高幼儿英语教育师资水平

"顶岗实习,置换培训"是近几年兴起的教师培训新模式。具体做法如下:幼儿园每年定期接纳高校幼儿英语教育专业高年级的学生到园所顶岗实习,置换出来的教师可以在高校进行某一门专业课程的学习,或者参加高校组织的短期培训,在"置换培训"项目实施过程中,参训教师提高了教学理论水平,顶岗学生获得了实践经验,双方同时解决了理论学习与实践学习不足的问题,节省了训练资金和场地,一举两得。

拓展阅读

因为蒙台梭利教育的目的是培养小朋友养成自我完成能力的本性,所以教师的职责是尽量激发幼儿的潜能。玛丽亚·蒙台梭利说:"我相信培养教师所具有的并不是科学家的技术,精神上的预备更为重要。"总括来说,教师必须通过系统地研究自我,使自己内心做好准备,这样他才能消除最根深蒂固的偏见与缺陷。在美国,要当一名蒙台梭利教师需学习蒙氏教学法210小时,并要求所学者在幼儿园实习9个月,其间要做所有的工作展示页,有美国考官3~6次不定期到你的园所、班级问老师、幼儿及园长,进行阶段考察,每次起码1小时至半天。

Boulder Montessori学校每个班有3位教师,其中一位是主班,两位是助教。园长Karen Oison介绍说,每一个主班教师都有一个自我训练计划,园长经常到不同的幼儿园参观,做成训练内容,训练自己园的教师。教师也会轮流接受正规训练。每一个教师都有一本教师手册,园长写要求在上面。蒙氏是爱的教育,园方要求教师面对孩子时永远不说"NO"。教师要以身作则,做正确的动作,给孩子一个好榜样,要将最好的给孩子,同时园方要求教师从不向孩子发脾气。

园长站在帮助教师的立场上,用行动来做。例如,她会经常去教室观察教师和幼儿,与教师接触,询问教师需要什么……

当我们问:3个混龄班的教师和幼儿经常轮换教室,这是为什么?教师是如何记录观察幼儿的发展的?

Karen回答:主课教师是不动的,助理才换;上午是固定的,下午才换。轮换是为了让孩子们熟悉幼儿园里的每一位教职员工和每一位小朋友。教师在早上观察孩子,每个孩子一年有两次给家长的幼儿手册(类似国内的成绩报告单、幼儿成长档案),填写手册有规则、原则。在幼儿园所有教师每月聚在一起开会,主要教师每周开会,通常1~1.5小时。对于讨论的问题,园长会先拟定一份清单。例如,特色项目(中国老师来)、学校发生的问题;问题儿童(通过会议希望学校所有的人对这个孩子的态度是一致的),还有教师也可以提出问题。

在见习中,我们看到全园教师都在努力扮演"辅助者的角色"。他们保持着自己是受教育者的谦虚态度,他们允许儿童的自由发挥,以深刻的观察力来观察每一个儿童。每个

教师都有自己的手册（类似国内的备课本），有图片、用多种教法来说明：我是如何准备环境和如何观察幼儿的。每天教师透过观察、记录、研讨、调整，以了解孩子，进而调整进度、调整教具。

节选自张晓怡《一间蒙台梭利学校——访美之旅》

【思考题】

（1）请你谈一谈对国外幼教师资培训方式的看法。

（2）请你根据自己目前的情况，说一说你需要什么样的培训。

第二篇

幼儿英语教学活动模块

第二篇

幼儿英语教学活动和评价

第三章 幼儿如何学习第二语言

第三章课件

学习目标

（1）了解有关第二语言习得的几种理论观点。
（2）了解第二语言习得学说的主要特点。

技能要求

了解相关第二语言习得学说的主要观点，并能适时结合幼儿英语习得特点，将其运用于幼儿英语教学过程中。

想一想

你知道幼儿是如何学习英语的吗？如果你是幼儿英语教师，你的教学活动是建立在何种理论基础之上的呢？你知道的第二语言习得的学说有哪些？

在研究第二语言习得的过程中，国内外的专家学者提出了多种理论或假设，下面介绍几种主要的假说。

一、习惯形成说（刺激—反应论）

盛行于20世纪五六十年代的习惯形成说，也称刺激—反应论或后天环境论，它来自行为主义心理学。以美国心理学家斯金纳为代表的行为主义者认为，语言是一种行为习惯，语言的学习过程是学习者行为习惯的养成过程，而行为的形成是对外界刺激不断做出反应的结果。儿童的语言能力来自一系列看见、听见和感觉到的事物的刺激，他们通过模仿做出反应，反应正确就会得到强化。多次重复一定的刺激和相应的反应，就能成为习惯，从而习得语言。

学习第二语言就意味着在后天环境中形成一系列新的语言习惯。这一学习过程受3个因素的影响：模仿（imitation）、强化（reinforcement）和扩展（expansion）。模仿是指学习者模仿接触到的语言，直到不加考虑的机械化程度；强化是指鼓励学习者的正确行为或者惩罚其错误行为,直到形成适当的反应;扩展则是指通过"类比"掌握新的行为结构。模仿和强化训练在第二语言学习中起到至关重要的作用。行为主义者认为,模仿能帮助语言学习者确定言语刺激和反应之间的关联,而强化训练则能促使两者之间的这种联系形成新的语言习惯。

(1) 当教授幼儿英语时,要注意采用不同的方式让幼儿多次模仿和重复练习已学内容,以便幼儿渐渐习得语言。

(2) 幼儿英语教师在教授与本族语不同的幼儿英语知识时,应采取有效教法,避免幼儿犯错误。

二、关键期假说

关键期一词源于生物学领域,它以脑神经系统研究为基础。关键期,又称敏感期,是指在个体发展过程中,受环境的影响最大并最适宜于学习某种行为的时期。在关键期,由于处于适宜的环境中,因此个体特别容易习得某行为,发展特别迅速,机体对于外界环境影响也极为敏感。在此关键期中,如果正常的行为发展受到影响,那么在其今后的发展中就会产生障碍。20世纪50年代末,蒙特利尔神经学家瓦尔德·本菲尔德和兰姆·罗伯特(Wilder Penfield & Lamar Roberts)首次将这一概念用到语言习得领域,并提出语言习得关键期假说。他们认为在个体成长的某个特定阶段,人在没有外部干预、完全自然的环境下,能轻松、快捷地习得一门语言。

美国心理学家兰尼伯格(Lenneberg)接受了语言习得关键期理论并将其应用到第二语言习得研究领域。兰尼伯格通过研究儿童语言障碍,进一步明确和强化了这一理论。他认为,语言是大脑的产物,语言能力的发展受到大脑发育的影响。他发现在语言习得过程中有一段时间最容易习得语言,而过了这个时期语言习得的能力就会受到限制。他认为,两岁至十二三岁是语言习得的"关键期",青春期过后进入语言学习的衰退期。因为在青春期后,人脑已发育成熟,神经系统不再有弹性,所以学习语言也就越来越困难。过了语言学习的关键期后,人们只能通过教师和学生的有意识的、艰苦的教与学来掌握一门语言。但对于"关键期"始于何时,持此理论的学者们有不同的见解。宾格(Pinker)从大脑结构变化的角度肯定了语言习得关键期的存在。他认为6岁之前是关键时期。在正常情况下,习得语言没有问题。但从6岁到青春期,语言习得能力开始逐步减弱,而青春期之后几乎丧失此能力。塞利格(Seliger)提出了各种的语言能力(听、说、读、写)可有各自的最佳习得年龄,并且它们可以重叠、连续。不过,有的学者也认为二语习得没有关键期,只是会受年龄的影响。从语言习得关键期假说的提出至今,学术界仍未就此关键期是否存在这一极具争议的课题达成一致,它仍是一热议话题。

小贴士

幼儿时期是语音习得的关键期,幼儿英语教师应抓住此关键期,教授幼儿标准、清晰的英语语音。

三、文化适应假说

20世纪70年代末,美国学者舒曼和安德森提出文化适应假说。文化适应假说是指一种文化中的成员要想适应于另一种文化就得不断修正自己的态度、知识结构和行为方式。这些改变主要涉及社会调适和心理调适。舒曼认为,第二语言习得是文化认同的一个方面,学习者文化适应、同化的程度将决定其第二语言习得的程度。成功的文化适应会带来成功的第二语言习得,失败的文化适应会导致失败的第二语言习得。社会距离(social distance)及心理距离(psychological distance)是决定第二语言学习者文化适应成功与否的两个重要因素。社会距离是由学习者与目标社会群体成员之间的关系产生的;心理距离则来自学习者自身各种不同的情感因素。

文化适应假说认为,社会距离与心理距离越小,学习的环境就越好,则第二语言越易习得。舒曼认为以下社会因素会带来好的语言学习环境:①两个语言文化群体的成员的社会地位是平等的;②双方都有互相适应、同化的意愿;③第一语言群体规模小且关系不紧密;④双方文化比较相似;⑤双方互相肯定并积极适应;⑥双方都希望两个语言文化群体享有同等的便利条件;⑦第二语言学习者渴望在目的语群体中生活较长时间。舒曼认为,消极的心理因素将会增加心理距离,如语言冲击、文化冲击,学习低动机和高自我界限。

小贴士

幼儿英语教师在教学过程中,应结合学习内容、节假日、活动主题等情况积极引入有关英语国家文化方面的知识,丰富幼儿的英语知识,从而提高他们的英语学习动机。

四、监察模式假说

20世纪70年代,美国语言学家克拉申(S. D. Krashen)提出的"监察模式"理论是第二语言习得的重要理论之一。在此理论中,克拉申提出5个著名的假说:习得—学习假说、监察假说、自然顺序假说、输入假说及情感过滤假说。这5个假说彼此关联、互相呼应。

1. 习得—学习假说

该理论认为,成人第二语言习得者用两种不同的方式获得语言能力:一种是习得,即学习者通过大量接触、使用目标语而下意识地学会一种语言的某个方面或整个语言的过程或者结果,这与幼儿的第一语言习得方式相似;另一种是学习,即学习者为了掌握目标语有意识地学习和研究目标语来获得语言能力,并在学习过程中注重语言形式。克拉申认为,区分语言习得与语言学习的标尺是语言学习者是否是有意识地学习语言规则,而不是语言环境。语言习得是潜意识过程,是注重语义的自然交际的结果。而语言学习是有意识的过程,即通过课堂教授及练习、记忆等活动,达到对所学语言的了解和语法的掌握。克拉申认为,只有习得才能直接促进第二语言能力的发展,而学习带来的对语言结构有意的了解不是语言能力本身的一部分。

2. 监察假说

监察假说体现了"语言习得"和"语言学习"的内在联系。克拉申认为,"习得"和"学习"在第二语言运用中起不同的作用。"习得"决定学习者说话的内容及流利度,通过"习得"掌握的第二语言,能轻松流利地用于口语交流。而"学习"则是对语法规则的有意识的感知,只能用于监控口头或书面话语的准确度。有的人在运用语言时,总是用语法来进行核对,以保证不出错误,这就是所谓的通过学习来进行监控。也就是说,语言习得系统是真正的语言能力。语言学习系统是有意识的语言知识,它只是在第二语言运用时起监控或编辑作用。"监察模式"的发展依赖于课堂上正式语法规则的教授训练。

要发挥这种监察功能,语言学习者至少要满足以下 3 个条件:①学习者必须有足够的时间来监控其话语或文章;②学习者不仅要注意语言的形式,还要注重语言的正确性;③第二语言学习者必须清楚地知道目的语的语法规则,否则无法进行自我监控。

3. 自然顺序假说

自然顺序假说认为,不论何时、何地、以何种方式,所有的第二语言学习者在学习语法规则时都依循一个相同的顺序,即以一种可预见的自然顺序习得语法规则。例如,一些实验表明,在儿童和成人将英语作为第二语言学习时,掌握进行时先于过去时,掌握名词复数先于名词所有格。克拉申进一步指出,语言课堂教学并不能改变此语言习得的自然顺序,但能加快其习得的速度。虽然克拉申相信语言习得有一种自然顺序,但他目前尚无法表明自然次序真面目是什么。

4. 输入假说

输入假说解释了语言输入和语言习得之间的关系,回答了人们是如何习得语言的问题,是克拉申语言习得理论的核心部分之一。克拉申强调,人类只有通过可理解信息或接受可理解输入才能习得语言,即从 i(i 代表现有的语言水平)开始,向 $i+1$ 移动,"1"代表新输入的内容,通过理解 $i+1$ 输入内容,人们的习得可达到更高一级水平。这里的 $i+1$ 的输入量是指略高于二语习得者现有的外语水平,过难或过易都不恰当。也就是说,学习者通过理解、接受那些稍微超出自身现有水平的语言输入来习得语言。克拉申认为,人们无须刻意提供这种 $i+1$ 的输入,当学习者能理解输入,而输入量又足够时,自然的语言交际环境就自动地提供了这种输入。输入假说给人们的教学启示是:注意学习者的现有语言水平,并且在教授新信息时考虑学习者的可接受程度。

5. 情感过滤假说

克拉申用情感过滤假说来解释同一外语学习群体中产生个体学习差异的原因。他认为,人的情感因素如学习动机、自信心和焦虑程度,会干扰语言的有效输入。他将情感看成是可调节的过滤器,情感过滤在语言习得中起阻碍的作用。如果学习者学习目的明确、能专心致志地学习目标语、没心理负担、不焦虑,那么他的情感过滤值就低,输入的语言材料就会进入LAD(语言习得机制),经过内化成为其语言能力。如果学习者学习动力不强、信心不足、总担心失败,那么他的情感过滤值就高,输入的材料便到不了LAD,语言习得中断,输入再多合适的信息也没用。换句话说,情感过滤值低的学习者比情感过滤值高的学习者能获得更多的语言输入。

（1）幼儿英语教师应多设计有意义的模拟交际场景,让幼儿们进行角色扮演并参与到英语口语交际活动中或举办真实的英语活动,鼓励、引导幼儿们积极参与,以便积极促进其英语能力的发展。

（2）幼儿英语教学的内容安排需充分考虑幼儿英语水平现状,注意其可接受程度,且应教授略高于其现有水平的英语知识,不可过易也不可过难。

（3）在英语教学过程中,幼儿教师要灵活地以各种方式多鼓励孩子们学习英语,并采用各种适宜的教学方法提高其英语学习兴趣。同时,让幼儿意识到英语学习是一个持续努力的过程,不必太在意一时的成败,坚持就是胜利。

五、中介语假说

20世纪70年代初,美国语言学家塞林格(Selinker)提出中介语假说,以探求第二语言习得者在习得过程中的语言系统和习得规律。中介语假说的心理学基础是认知心理学,语言学基础是转换生成语法。所谓中介语,也译为"过渡语"或"语际语",是指在第二语言习得过程中,学习者通过一定的学习策略,在目的语输入的基础上所建构起来的介于本族语和目的语之间的过渡性语言。它处于不断地发展变化过程中,并逐渐向目的语靠近。塞林格认为有5种负责中介语建构的认知过程,即语言的迁移(language transfer)、训练的迁移(transfer of training)、目的语知识的负迁移(过度泛化(over generalization))、第二语言学习的策略、第二语言交际的策略。语言的迁移是指学习者在外语学习过程中,由于不熟悉目的语的语言规则而套用本族语规则处理目的语信息的现象。训练的迁移主要是由教学过程中不当的训练方法或错误的学习材料导致的。目的语知识的负迁移(过度泛化)是指第二语言学习者在习得第二语言的过程中将某一目的语的规则推广至超越所能接受的范围之外,包括过度概括、忽略规则限制、应用规则不全面、形成错误的概念等几种情况。第二语言学习的策略是指学习者在学习过程中为了解决学习问题而采用的策略。第二语言交际的策略是指学习者在需要表达某些超过其现有的语言知识技能所能表达的内容时采取的策略,目的是解决交际问题。

学习者形成的中介语知识系统实际上是一系列心理语法,学习者利用这些语法来解释和产生言语。中介语有以下特点:①中介语具有系统性,即中介语是相对独立的语言系统。它具有一套独特的语音、语法和词汇规则体系。学习者可用这套语言系统生成其没有接触过的话语,并可用于人际交往;②中介语随着第二语言学习者水平的提高和交际的增多而不断变化,由简单到复杂、由低级向高级,逐渐离开本族语向目的语靠拢;③偏误产生的根源是中介语的存在,要掌握目的语就需不断克服中介语的倾向。当然,中介语中也有正确的部分;④中介语的偏误具有反复性和顽固性。中介语是曲折地向目的语靠近的。在此过程中,纠正了的错误可能会有规律地重现。其顽固性是指一些非目的语的语法、语音长期存在于中介语中,并且不易改变,不再向目的语发展,从而产生语言"僵化"或"化石化"现象。僵化是存在于中介语中的一种心理机制,无法消除,并可出现在语言学习的任何阶段。语言僵化现象使多数第二语言学习者无法完全获得目的语的语言能力。中介语假说的提出为偏误分析提供了理论基础。对错误的分析就是通过对学习者的中介语与目的语之间差异的研究,找出错误规律,从而了解外语学习的心理过程。

> 幼儿英语教师对幼儿学习英语过程中出现的错误或反复出现的错误要耐心地进行纠正,不可操之过急,同时注意找出幼儿们所犯的错误的规律,以便积极应对。

六、认知说

20世纪80年代初,麦克劳林等人提出的认知说是从认知心理学理论发展而来的。认知心理学认为,认知是人类独有的心理过程。认知过程是个体认知活动的信息加工过程。在认知过程中,通过信息的编码,外部客观现实的特性以具体形象、语义或命题等形式成为个体心理上的表现形式。认知心理学将在大脑中反映客观事物特性的这些具体形象、语义或命题称为外部客体的心理表现。通常情况下,这个心理表现还指将外部客体以一定的形式表现在大脑中的信息加工过程。认知心理学家认为,学习是一个认知过程,是涉及调整和引导行为的内在心理表现。第二语言习得理论中的认知说认为,学习第二语言就是学习复杂的认知技巧,其心理表现是基于要学的语言系统,包括挑选合适的词汇、语法规则和使用习惯这一信息加工过程。语言行为随着心理表现的不断调整而改进。语言习得是个繁复的任务,涉及各方面不断的训练和组合,直至能将语言运用自如。因此,重新调整和运用自如是认知说中两个最重要的概念。

麦克劳林认为,语言交际过程就是一个信息处理过程。人们在处理信息时主要用两种方式:一种是自动化处理方式;另一种是受控处理方式。前者比后者省时、省力,但只要有足够的实践,先开始需要受控处理的信息,后来都能达到自动化。

但是,从受控处理向自动化的转化过程并不能完全解释第二语言习得过程,因为这种转化是在目标语言知识结构的具体框架下实现的。随着学习内容的增多,语言知识的心理表现就会变化,框架结构就要重新调整。也就是说,当现有的内在心理表现不能用来解释新信息时,就需要调整现有的心理表现形式。第二语言习得的过程其实可以看作一个不断调整心理表现形式的过程。认知说认为,第二语言习得涉及自动化和重新调整两种过程。前期的语言学习多涉及自动化,高级阶段的学习多涉及重新调整这一过程。

幼儿英语教师在教学过程中应多设计交际场景,让幼儿们将所学的英语用于实践,以使其英语口语流利,从而达到自动化。

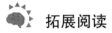

先 天 假 说

20世纪60年代,基于对习惯形成说的猛烈批判,以美国语言学家乔姆斯基为代表的语言学家提出了先天假说,强调先天因素对言语发展的决定作用。

先天假说认为,语言是一种以规则为基础的复杂体系,发育正常的儿童之所以能在3~5年内掌握一种语言是因为人类具有天生的、由遗传因素决定的掌握语言规则的能力,即"语言能力"。乔姆斯基提出,语言能力的体现机制是"语言习得机制"(language acquisition device,LAD),即在人出生时就具有的利用人类语言普遍语法的认知机制。它是人类独有的,可以独立存在,甚至与智力都没有关系。语言习得机制包括两部分:一是普遍语法。它是人类天生的特有的语言知识体系,存在于正常人的大脑中。普遍语法包括一套普遍原则,它反映了人类语言普遍具有的特征(语言共项),体现了人类语言的共性,存在于语言的深层结构,是语言中最基本的部分,是适用于任何语言的高度抽象的规则。普遍语法是以参数形式出现的,处于待定状态;二是儿童具有先天判断、评价语言信息的能力。儿童主动地发现并确定普遍语法中待定参数及相关词汇项,其习得语言的语法规则是由语言习得机制中的普遍语法转换来的,而不是由输入的语言材料归纳来的。也就是说,儿童在听到母语具体的话语时,会首先依据普遍语法对此语言的结构提出假设,接着运用评价能力对假设进行验证和评价,从而确定本族语的具体结构来获得母语的能力。

先天假说强调儿童本身在获得语言过程中的主动性和创造性,它不完全否认后天语言环境,但把语言环境的作用看得非常小,只起着激发LAD工作的作用。先天假说还认为LAD的活动有一个临界期,过了临界期,LAD就会退化。所以,成人学习语言的能力不如儿童,儿童能用较短的时间获得语言。但先天假说理论是思辨的产物,没有科学依据能证明儿童头脑中是否存在语言习得机制,它只是一个既无法证明也无法否定的天才假说。

幼儿英语教师在英语教学过程中,可依据教学内容设计符合幼儿认知特点的、简单易行的"猜猜看"之类的小游戏,在解决游戏问题的过程中充分发挥幼儿的主观能动性,并习得英语知识。

【思考题】

(1) 习惯形成说的主要观点是什么?结合幼儿园英语教学的活动实践,谈谈自己的体会。

(2) 文化适应说和监察模式说各自强调了哪些第二语言习得的特点?幼儿英语教师应怎样在实际工作中体现其观点?

第四章 幼儿英语教学内容

第四章课件

第一节 幼儿英语教育的目标

学习目标

(1) 熟悉幼儿英语教育的总体目标及各年龄段目标。
(2) 了解幼儿英语教育活动目标制订的要求。
(3) 能够制订并撰写幼儿英语教育活动目标。

技能要求

能够制订并撰写幼儿英语教育活动目标。

一、幼儿英语教育的总体目标

根据幼儿教育总体目标、幼儿身心发展特点及幼儿认识、语言形成与发展特点,幼儿园英语教育的总体目标定位在通过英语教育促进幼儿全面发展、培养幼儿学习英语的兴趣、英语语感和初步使用英语进行简单日常交流的能力,为进一步的学习打下基础。

幼儿教育整体目标包括以下几个方面。

(1) 情感态度目标:激发与培养幼儿学习英语的兴趣。

(2) 英语语言能力目标:以听说学习为主,帮助幼儿学会正确听音与发音,培养幼儿的听说能力。

听做:①能根据听到的词语识别或指认图片或实物;②能听懂课堂简短的指令并作出相应的反应;③能根据指令做事情,如指图片、涂颜色、画图、做动作、做手工等;④能在图片和动作的提示下听懂简单的小故事并做出反应。

说唱:①能根据录音模仿说英语;②能相互致以简单的问候;③能相互交流简单的个人信息,如姓名、年龄等;④能表达简单的情感和感觉,如喜欢和不喜欢;⑤能够根据表演猜测意思、说词语;⑥能唱英语儿童歌曲15~20首,说歌谣15~20首;⑦能根据图、文说出单词或短句。

表演:①能用英语做游戏并在游戏中用英语进行简单的交际;②能做简单的角色表演;③能表演英文歌曲及简单的童话剧,如小红帽等。

视听:①能看懂语言简单的英语动画片或程度相当的教学节目;②视听时间每学年不少于10h(平均每周20~25min)。

(3) 英语语言知识目标:引导幼儿掌握一定数量的单词、短语和句子,并引导幼儿在一定的情境下正确使用或运用已经学过的语言进行简单的话语交流,培养幼儿观察、记忆、思维、口语表达能力。

(4) 跨文化教育目标:使幼儿通过英语活动扩大视野,并对异国文化有初步的感知。

(5) 社会性发展目标:结合英语知识的学习,渗透品德、情感等方面的教育,使幼儿在英语活动中改善自我认知和自我评价标准,增强自信,从而促进幼儿社会性的发展。

二、幼儿英语教育的各年龄段目标

幼儿英语各年龄段目标是总目标在小、中、大3个年龄阶段的具体分解和落实,是某特定教育阶段所期望的成果。

(1) 小班:纯语音语调输入或认知发展阶段,以认知为主。

① 认知目标。能区分英语与汉语;懂得用自然的声音学习英语发音;知道要仔细倾听才能辨别英语的发音。

② 情感与态度目标。乐意听教师和他人说一些简单的英语;乐意模仿教师说一些简单的英语;喜欢欣赏教师及中、大班的哥哥、姐姐表演英语歌曲、英语短剧等。

③ 能力与技能目标。能注意倾听教师的英语发音,能区别英语发音中的差别;能在理解内容的基础上,跟着教师学一些简单的英语单词和句子,发音自然;能自然地演唱简单、短小的英文儿歌;能借助实物、图片、教师的动作、表情,对教师用英语提出的要求作出基本正确的反应;能够听懂,并根据实物、图片、动作等用正确的语音语调说出所学单词(50个左右);能够掌握最基本的日常交际用语;能够进行非常简单的对话,如发出简短的指令、作出简单的陈述、使用简单的疑问句以及对简单的疑问句和选择疑问句作出回答等。

(2) 中班:语音语调输入和完整语言发展阶段,继续听说,以句子为主。

① 认知目标。知道英语是语言的一种表现形式;知道要用自然的语气、语调学习英语发音;知道要仔细倾听才能辨别英语的发音及语气、语调的差别。

② 情感与态度目标。有兴趣地倾听教师和他人说说简单的英语;喜欢跟教师学说英语、学唱英语歌曲;能专注地欣赏各种英语表演,愉快地参与一些英语游戏和简单的表演。

③ 能力与技能目标。能够专注地倾听教师和同伴的发音,能辨别一些发音和语调的差异;基本能够听懂课堂用语;能大方地学说英语,发音较清晰、自然;能够用正确的语音语调说出所学的句子;能大方、自然地演唱英语歌曲,担任一些简单的角色表演;能够根据场景,用正确的语音语调进行简单的对话;能够听懂并用正确的语音语调说出所学单词(150个左右)。

（3）大班：语调输入和语篇阶段，说用结合，无意识读。

① 认知目标。知道英语的不同语音、语调表达不同的意思；知道英语在社会生活中的广泛应用及与自己将来学习、生活的关系。

② 情感与态度目标。能充满兴趣地倾听教师及同伴说英语，充满热情地欣赏生活中及媒体中自然、流利的口语和英语表演；积极、主动地学习、感知环境中可理解的英语信息材料；热情、积极地参与各种英语游戏、英语活动。

③ 能力与技能目标。能够认真、专注地倾听教师和同伴说英语，并能够对他人发音和语调的差别作出判断；认真地学习英语，发音较清晰、语调自然；能够用正确的语音语调说出所学的单词（300个左右）和句子；能大方、自然地演唱英语歌曲，能够根据故事内容扮演一些不同角色，模仿角色语言及情感表现；能够在所学语言知识范围内，进行日常会话；喜欢阅读附有简短英文的简易图画故事；认识常见的标志及语言。

三、幼儿英语教育活动目标的制订

1. 幼儿英语教育活动目标制订的要求

幼儿英语教学活动目标是指某一具体的英语教育活动的目标，要求表述具体、可操作性强，且预期的教育成果基本上是可观察或可测量的。因此，教师在制订活动目标时应深入、细致、透彻地研究"总体目标"和"各年龄近阶段教育目标"，把握各层次目标的内涵及相互关系，做到有的放矢，以确保目标实现。

（1）活动目标要关注儿童发展。活动目标应适应幼儿已有的发展水平，符合他们英语学习发展的规律和特点；活动目标也应把促进儿童的发展作为落脚点，即为儿童创造最近发展区。

（2）活动目标要注意整合性。活动目标不仅要考虑儿童的认知、情感、技能等多方面的整合，还要考虑英语学习与其他领域的整合。

（3）活动目标的表述要规范。从教师的角度表述，应指明教师应做的工作或应努力达到的教育效果，如帮助幼儿理解、记住，并会使用一对反义词（如 big and small），启发幼儿发现中国小朋友和英语国家小朋友在各方面，特别是语言方面的不同，使其了解他们讲的这种不同的语言是英语。

从幼儿的角度表述，应指明幼儿通过学习应该获得的发展，如乐意参加英语讲述活动、对故事内容感兴趣，有积极参与态度；在教师的提示下，能对照图片比较完整、有序地讲述故事中的对话部分；初步感知理解句型"I like..."，复习巩固"I love..."。

2. 幼儿英语教育活动目标撰写的要求

在撰写具体某一活动目标时，应注意以下几点。

（1）目标的行为主体应是幼儿，即从幼儿的角度进行表述。

（2）在各目标的表述中，应保持行为主体的一致性。

(3) 目标表述尽可能做到具体、可操作、教育效果可测量。对于一些情意目标可以采用表现性目标的方式来表述,如乐于参与英语游戏活动、情绪稳定、愉快等。

【思考题】

(1) 幼儿英语教育的总体目标及各年龄段目标是什么?
(2) 幼儿英语教育活动目标制订的要求是什么?

【实训任务】

在教师的协助下,制订并撰写见习班级幼儿英语教育活动目标。

第二节　幼儿英语教育的内容

学习目标

(1) 熟悉幼儿英语教育的内容。
(2) 了解幼儿英语教育内容的编排方式。
(3) 熟悉常用幼儿英语词汇和句子。

技能要求

能够说出常用幼儿英语词汇。

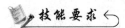

(1) 依照你的经验,幼儿活动主题有哪些?可以生成哪些英语课的话题(子主题)?
(2) 幼儿应具备哪些基本的人际交往能力?可以培养哪些用英语进行交际的能力?

一、幼儿英语教育的主要内容

学前期是儿童语言发展和身心等其他方面发展的关键时期。根据幼儿英语教学目标和儿童的认知水平、学习特点、年龄特征、兴趣爱好和实际需要选择教学内容,强调实用、突出有趣、注重交际、力求科学。教学内容包括话题、词汇、功能、语法和语音5个方面,它们是发展语言技能的基础。

1. 话题

华东师范大学李生兰提出,幼儿园英语教育应包含6个方面的内容,即幼儿自身、幼儿园、家庭、社区、节日、季节,由简及繁、由近及远、由易到难、循序渐进。与幼儿自身相关的话题内容包括个人情况、身体、日常生活等;与幼儿园相关的话题内容包括幼儿园、数字、颜色、时间、玩具、文体活动等;与家庭相关的话题包括家庭、食品、电器等;与社区相关的话题包括交通工具、职业、场所、朋友、动物等;与季节相关的话题包括天气、四季、水果、服装等。一般应选择幼儿亲历的、日常生活中的、幼儿感兴趣的、能理解的、易学会的语言项目为话题。此外,教师也可根据季节、天气、节日等具体情况随时调整自己的教学内容,并注意教学内容的阶段性重现和反复运用。

2. 词汇

词汇以话题相关词汇为主。词汇的选择应考虑使用的频率、幼儿实际生活的需要,并反映时代特点,突出直观性和形象性。根据具体情况不同,幼儿可接触 200～500 个左右的单词和 20～50 个左右的习惯用语及常见的标志及语言。

3. 功能

交际功能主要是指幼儿日常生活中常用的内容,包括问候、告别、感谢、介绍、道歉、购物等,以便儿童能接触和掌握在不同的场合、为达到不同的交际而使用不同的语言结构。教师应让儿童熟悉国际交往礼仪、西方社会基本的风俗习惯和行为模式。

4. 语法

由于幼儿要掌握的语言结构简单,在教学时教师不应专门讲授语法知识,而应让幼儿在听说过程中体会和领悟语法形式的表意功能。

(1) 名词:可数及不可数名词。

(2) 代词:人称代词、指示代词。

(3) 动词:与肢体相关的动词。

(4) 介词:方位介词。

(5) 数词:20 以内的基数词和序数词。

(6) 形容词:有关评价方面的基本词汇。

(7) 时态:只涉及现在进行时、一般现在时,感知、理解一般过去时和一般将来时的语句。

(8) 句子:最简单的陈述句、疑问句、祈使句和感叹句。

5. 语音

幼儿要进行基本语音、语调的学习。幼儿学习语音主要通过模仿,在大量听的基础上、在真实的语境中通过感知、模仿习得英语语音。不要向幼儿讲授抽象、复杂的语音知识、读音规则和国际音标。

二、幼儿英语教育内容的编排

(1) 英语教育内容的选择应配合中文主题活动。为了给幼儿创造一个具体的、系统的、一致的主题教育环境,英语教育活动应配合中文主题活动。内容编排采用基于主题活动的话题形式,即结合幼儿园主题教育活动,选取相关话题进行教学。

(2) 根据幼儿不同的年龄特点,教育内容分别在小班、中班、大班中遵循由少到多、由浅入深的规律。

(3) 内容的衔接应注重前后呼应,采用螺旋式递进模式。这样,不仅使幼儿反复运用原来学到的语言,而且在原有经验的基础上,他们的语言能力能够获得进一步的提高。

例如,中文主题《我们的家》,各年龄段可呈现的教育内容分别如下。

① 小班。

a. 家庭成员:daddy,mommy,grandma,grandpa,brother,sister 等。

b. 句型:

I love my...

② 中班。除了家庭成员以外,还可以进一步学习内部结构,如 living room,dining room,kitchen,washroom,bedroom 等。

句型:

I sleep at bedroom.

I eat at dining room.

I wash at washroom.

My mom cooks at kitchen.

③ 大班。在小班、中班的基础上加入家庭活动。

a. 单词的积累可以通过短句或者词组的方式:如 listen to music,play with my toys,chat with friends 等。

b. 句型:

I like to play with my doll/robot/yoyo/teddy bear.

I use scissors/rulers/markers/pencils.

I can move like a robot/yoyo/top.

又如,中文主题《动物》。从小班幼儿的年龄特点和学习特点来讲,大型的动物更能够引起他们的关注和兴趣,如 dog,cat,elephant,duck 等。而到了中、大班幼儿随着已有经验以及身体机能各个方面的发展,已经开始注意到各种各样的小型动物,如 bugs,ladybirds,beetles,hamster 等。

英语教育内容的表现形式应富于变换,并采用多种形式相配合。例如,对话、儿歌、童谣、故事、游戏、动画等。这样,才能唤起幼儿的学习兴趣,加深印象。

三、幼儿英语常用词汇与句型

1. 常用幼儿英语词汇

（1）与幼儿自身相关的话题，包括个人情况、身体、日常生活等。

① Body：eye，ear，mouth，nose，head，shoulder，knee，foot，toe，hand，fist，finger，teeth，face，hair，neck，arm，elbow，leg，hip.

② People：boy，girl，baby，friend.

③ Daily life：bed，table，chair，window，door，light，towel，cotton，spoon，chopstick，fork，plate，bowl，toothpick，backpack.

④ Feeling：angry，sad，scared，happy，tired，hungry，thirsty.

（2）与幼儿园相关的话题内容，包括幼儿园、数字、颜色、时间、玩具、文体活动等。

① Kindergarten：classroom，seesaw，swing，slide，crayon，paper，sticker，playdough，puzzle，backpack，sharp，scissors.

② Shapes：circle，triangle，corner，side，rectangle，pentagon，oval.

③ Colors：red，orange，yellow，green，purple，white，pink，blue，brown，black，gray，golden，silver.

④ Time：morning，afternoon，evening，night，today，tomorrow，yesterday，Monday，Tuesday，Wednesday，Thursday，Friday，Saturday，Sunday，January，February，March，April，May，June，July，August，September，October，November，December.

⑤ Toys：lego，doll，toy car，ball，puppet，action figures，dollhouses and furniture，stuffed toys，puzzle.

（3）与家庭相关的话题，包括家庭、食品、电器等。

① Family：mommy，daddy，grandpa，grandma，home，uncle，auntie，brother，sister，people.

② Food：egg，bread，milk，juice，yogurt，cake，hamburger，hot dog，donut，sandwich，rice，noodle，steamed bun，stuffed bun，rice，porridge，fried dough twist，fried dough stick，sesame seed cake，biscuits，dumpling，soup，ice-cream，pancake，yummy，tasty，yuck，hungry，thirsty，sweet，salty，sour，soft，hard.

③ Appliances：TV，computer，fridge，washing machine，air conditioning，microwave stove.

（4）与社区相关的话题，包括交通工具、职业、场所、朋友、动物等。

① Traffic：train，car，ship，airplane，bus，bike，motorbike，helicopter，boat，truck，taxi.

② Job：teacher，farmer，worker，doctor，nurse，clerk，policeman，policewoman，salesgirl，shopkeeper，waiter，firefighter，officer.

③ Places：school，park，street，farm，zoo，shop，bus station，bus stop，swimming pool，post office，police station，beautiful，pretty，good，bad，strange.

④ Animals：pets，puppy，kitty，dog，cat，fish，turtle，bird，rabbit，zoo animals，bear，giraffe，lion，zebra，penguin，monkey，tiger，elephant，panda，snake，farm animals，duck，pig，horse，cow，sheep，donkey，chicken，small animals，insect，worm，bee，dragonfly，butterfly，fly，mosquito，oink，moo，chick，quack，woof，baa，miao，roar.

（5）与季节相关的话题，包括天气、四季、水果、服装等。

① Weather and Nature：wind，rain，raindrop，snow，snowflake，grass，tree，flower，water，leaf，snowman，sun，moon，sky，windy，rainy，snowy，sunny，cold，warm，hot，cool.

② Seasons：spring，summer，winter，autumn.

③ Fruit：apple，banana，watermelon，pear，cherry，grape，orange，peach，strawberry.

④ Clothes：dress，skirt，sunglasses，shorts，sandals，rain coat，shirt，pants，socks，shoes，sweater，hat，coat，gloves，mittens，scarf.

（6）动词。

① love，walk，hop，run，jump，swim，crawl，fly，pound，eat，like，play，roll，kick，toss，want，drink，thank，welcome，march，learn，wear，wash，brush，comb，hear，see，taste，touch，point，smell，sniff，count，tell，shout，wait，stop，mean，share，care.

② stand up，sit down，come here，go back，clap your hands，stomp your feet，shake your head，turn around，come on，sing a song，have a rest，clean up the toys，put on，take off，go to bed，take a bath，go away，say hello，thumbs up，raise your hands，have a look，have fun，come out，get up，wake up，feel good，hide and seek.

2. 常用幼儿英语句型

（1）w(h)句型

① What

a. What's this?

b. What is it?

c. What's wrong?

d. What's the weather like today?

e. What is happening?

f. What's for breakfast?

g. What's this called?

h. What time is it now?

i. What color is it?

j. What do traffic lights really mean?

k. What shape is that?

l. What can you see?

② Which

a. Which one?

b. Which?

c. Which is more?

d. Which shape has three corners?

e. Which one do you want to choose?

f. Which pencil is the longest?

③ Who

a. Who wants to try?

b. Who is Amy?

c. Who are you?

d. Who is it?

e. Who can tell me…?

f. Who's absent today?

g. Who's on duty today?

h. Who's the helper today?

i. Who are you waiting for?

④ Whose

a. Whose book is this?

b. Whose apples are they?

⑤ When

a. When were you born?

b. When can you complete your work?

c. When shall we start?

⑥ Where

a. Where are you from?

b. Where does it live?

c. Where is thumbkin?

d. Where were you born?

e. Where are the toys?

⑦ How

a. How are you?

b. How old are you?

c. How many seasons are there in a year?

d. How about a piece of cake?

e. How much is it?

f. How can you manage that?

(2) 简单句

① 主系表结构

a. Mommy is hungry.

b. It's yummy.

c. I'm happy.

d. It smells bad.

e. Sounds good!

f. You look pretty today!

g. I am fine.

h. Fruits are healthy.

② 主谓结构

a. He swims.

b. She laughed.

c. He came in!

d. She stood up.

e. I jumped out.

f. Jack fell down.

g. I will get up.

③ 主谓宾结构

a. We'll sing a happy song.

b. A duck says quack.

c. I can comb my hair.

d. We enjoyed ourselves at the party.

e. I want to go home now.

f. Little Tom wants to play.

g. I like to eat apples and bananas.

h. I like drawing.

i. I enjoy sitting in the sun.

j. I want you to sit back.

k. Would you pass me the crayon?

④ 主语＋谓语＋双宾语结构

a. She showed us her toys.

b. The teacher gives me an apple.

c. He tells me what his name is.

d. He read the book to me.

e. He bought a present for James.

f. I make colors just for you.

g. I'll promise you.

h. I will remember you forever.

i. We keep our classroom clean and tidy.

j. I spy something small.

k. We will rock you to and fro.

l. I have a nose, pretty and small.

(3) 祈使句

a. Look out!

b. Give it to me.

c. Come here.

d. Sit down!

e. Stand up!

f. Sit on the chair, please.

g. Wave bye-bye.

h. Go back to your seat.

i. Line up at the door.

j. Line up two by two.

k. Go slowly.

l. Clap your hands.

m. Dance your fingers.

n. Turn left.

o. Turn around.

p. Touch the ground.

q. Calm down!

r. Be quiet/careful patient!

s. Let's listen/learn/do finger plays/do actions/chant/sing/play (a game)/count/review/watch and say/talk/dance/have lunch.

t. Don't go there/be late/do that/stop/talk.

u. Slowly!

v. Hands up/down!

w. No running/kicking/fighting/pushing/yelling/picking.

【思考题】

(1) 熟悉幼儿英语教育的内容。

(2) 幼儿英语教育内容的编排方式是什么？

【实训任务】

熟读常用幼儿英语词汇和句子。

第五章 幼儿英语教学方法

第五章第一节课件

第一节 全身反应法

学习目标

(1) 掌握 TPR 教学法的主要教学原则。
(2) 掌握 TPR 教学法的教学步骤。
(3) 设计并实施 TPR 幼儿英语教学活动。
(4) 能够对 TPR 教学法教学进行评价。

技能要求

(1) 能够运用 TPR 教学法进行大、中、小班英语教学。
(2) 能够对 TPR 教学法教学进行评价。

猜一猜

TPR 这 3 个字母各代表什么单词？

一、全身反应法（TPR 教学法）简介

全身反应法（total physical response，也称直接式沟通教学法）产生于 20 世纪 60 年代初期的美国，盛行于 20 世纪 70 年代，创始人是心理学教授阿舍尔（James T. Asher）。这种教学法是指通过身体动作教授外语的方法，主要用于美国移民儿童的英语教育。

TPR 教学法主张像学习母语的过程一样，幼儿通过身体运动学习外语。整个教学过程强调以幼儿为主体，突出"听"能力的重要性，透过类似游戏性质的肢体动作进行语言学习。通过教师发出口头指令，并辅以肢体动作示范帮助学习者了解指令的意义，当学习者充分了解语句的意义时，幼儿以身体动作对教师发出的指令做出正确的回应，即在大量理解性听的

输入基础上培养幼儿说的能力。

二、TPR 教学法的主要教学原则

（1）理解口语的能力要在说话之前发展。只有进行充分的理解性的听，才能自然地转移到说。同时进行听和说两种技能的训练，只会给幼儿造成压力，因为缺乏理解的听，幼儿没有做好说话的准备，所以很容易说错。

（2）理解的能力要通过全身动作来发展。大量研究证明，指令是基本的交际，第二语言的大多数语法结构和数以百计的词汇项目，都可以通过教师熟练的指令来教授。全身动作是发展理解能力的关键，没有全身动作，一个新的语言现象即使重复多次，也依然是一连串噪声。

（3）不可强迫幼儿说话。当幼儿听到理解所学的大量接受性词汇时，会将外语在认知结构中内化，从而产生一个说话的待发点。这时，幼儿就有说话的要求，自然而然地开始说话。据研究发现，幼儿要听几十次才能发一个音。如果给幼儿以压力，强迫幼儿说话，就会引起其大脑对外来信息的抵制。

三、教学步骤

（1）教师说出指令并做出动作，幼儿边听边观察边理解。

（2）教师说出指令并做出示范，然后让幼儿跟着做。

（3）教师说出指令，不示范动作，让幼儿做动作将其表现出来。

（4）教师说出指令，不示范动作，要求单个幼儿完成动作。

（5）请某位幼儿说出指令，教师和其他幼儿一起做动作将其表现出来。

下面以教授"stand up"和"sit down"为例，说明利用 TPR 教学法教课堂指令的教学步骤。

Step 1—The teacher says instructions slowly while demonstrating the action: stand up and sit down.

第一步：教师慢速清晰地说出"stand up"和"sit down"，边说边演示动作。

Step 2—Encourage the whole class to perform the action.

第二步：鼓励幼儿一起做动作。

Step 3—Call on individual children to perform the action.

第三步：教师找一名幼儿听指令做动作。

Step 4—Increase level of interest by playing Mirror Games: divide children into As and Bs, As face teacher while Bs face their partner As. Give instructions to As to follow. Bs then copy As' actions.

第四步：通过做镜面游戏增加活动的趣味性，将幼儿分成 A、B 两组，两组同学一对一面对面游戏，A 组同学面对老师，B 组同学面对 A 组的同伴，让 A 组幼儿听指令做动作，而 B 组幼儿模仿 A 组幼儿的动作。

Step 5—Increase level of challenge by adding increasing pace and speed.

第五步：待幼儿逐渐熟悉指令后，可通过加快指令的频率和语速来增加游戏难度。

Step 6—Chant with actions：Up,up,stand up. Down,down,sit down.

第六步：幼儿与老师一起边有节奏地说指令边做动作"Up,up,stand up. Down,down, sit down."。

Step 7—Play "Robert Game". Ask one child to act as a commander, the others as robots. Change the commander frequently.

第七步：做"机器人"游戏。由一名幼儿做指挥官发布指令，其他小朋友扮演机器人，接受指令做动作。之后，换几名小朋友扮演机器人。

四、TPR教学法在幼儿英语教学中的应用

TPR教学法广泛用于儿童英语教学中，根据儿童爱动、注意力难以持久等心理特征，让孩子通过跑、跳、做游戏学英语，调动孩子的多种感官学习语言，而不是规规矩矩地坐在凳子上听讲。这样，课堂气氛活跃，孩子学习情绪主动，注意力持久。如果儿童发音不准，教师就要在自然状态下不断重复，使幼儿感知正确语音，从而修正自己的发音。儿童也不必被动、机械地重复教师的话。儿童对教师发出的信息反馈越准确，表明对教师信息的处理越准确。所以，TPR教学法具有强化理解、强调学习者的主体作用，克服外语学习中呆读死记、简单重复、烦琐训练、强迫表达等不利于创造性思维、创造性交际和创造性学习的缺点，使学习充满乐趣，减轻焦虑情绪的优势。

由于TPR英语教学方法灵活且丰富，且其中包含了表演、竞赛、律动等大量活跃元素，因此小朋友很容易在教学进行时注意力分散、手舞足蹈、东张西望。倘若没有比较好的课堂管理方法，则将很难将小朋友有秩序地组织起来，从而导致英语课堂无法取得预期的教学目标：你说你的，我玩我的。TPR英语教学的不易把握性，对教师的教学能力和经验有一定的要求。

TPR教学法的运用模式通常有以下几种。

1. 结合闪卡进行教学

教师发给每位幼儿一张闪卡，闪卡上可以是图片或字母，教师不断重复示范闪卡所示内容（或字母）的发音。幼儿通过反复地看—听—理解将闪卡所示单词（或字母）记住后，教师便用闪卡上的物品（或字母）名称点名。持相应卡片的孩子可以举起卡片以示理解。然后，幼儿交换卡片，重复前面步骤，在大量听的基础上，可以找小朋友来学老师的样子说闪卡上物品（或字母）点名，这样孩子可以在轻松愉快中掌握单词（或字母）的发音，同时注意力也容易集中。

(1) 闪卡显示的内容要单一、精确。
(2) 字母或图要大,笔画要粗。
(3) 这种方法使用久了幼儿也会觉得枯燥、无趣,所以应结合其他教学方法共同进行。
(4) 看、听、说必须结合。

2. 结合表演进行教学

教师通过生动的表演,即运用"身体语言"(body language)来阐明口中所不断重复的语言信息。例如,教师在讲"认识自我"主题中有关情感的内容时,可边说"I'm sad.""I'm angry.""I'm happy.",同时做悲伤、生气或高兴状;并不断重复上述句子,然后再让幼儿轮流表演,并适当重复句子。又如,教师在教与幼儿园教室相关的词语时,可以边指实物边说"point to the window""point to the door""point to the board""point to the table""point to the chair"等,然后引导小朋友们一同做和说。

教师一定要注意营造一定的演示氛围,引发幼儿的学习动机。表演要生动、形象、夸张、幽默。

3. 结合绘画进行教学

由于幼儿对直观的图画很感兴趣,对形象图画的理解、记忆能力比对抽象的东西强得多。因此,教师可将 TPR 教学法与绘画相结合。

教师在呈现新语言内容时,往往需要借助在黑板或卡片上的绘画来帮助幼儿建立对新知识的直观印象。孩子们尤其喜欢通过自己动手绘画的方式来参与教学活动。教师适当设计 TPR 的绘画活动,可以调动幼儿参与的积极性,帮助幼儿更好地学习。

例如,当教"形状"这一话题时,教师应鼓励幼儿用笔画出各种形状辅助学习。当教"circle"时,教师边说"draw a circle",边在黑板上画圆,幼儿边听边看;然后,教师说,幼儿来画;之后,由一个幼儿说,由其他幼儿来画;最后,教师画或幼儿画,其他孩子来说。这样的方法可以使课堂富于变化,让幼儿眼神时刻跟着教师,注意力集中,更可以激发幼儿动脑、动手的兴趣,调动幼儿的多种感官。

又如,当教师在设计"颜色"话题的活动时,可以采取分组竞赛涂色的方式。教师在黑(白)板上画两组气球,由教师说出某指定气球需要涂的颜色(如"color the balloon red"),幼儿分别按照指令到黑(白)板将颜色涂好,并以接力的方式继续。教师以速度和准确度为标准评判,涂得又快又准的一组获胜,并赢得奖品。

（1）教师要用快速写意的线条将图画勾勒出来。
（2）图画要求夸张或逼真或幽默。
（3）要求幼儿画的部分不能过于复杂，耗时过多。

4. 结合直观教学手段

结合利用实物、标本、动作、模拟声音、简笔画……具体形象的形式进行教学。它符合幼儿形象思维占优势的学习特点，有利于幼儿建立清晰、明确的概念。

例如，结合"动物"主题教学，教师在呈现"dog, cat, hen, cow"等动物名称时，可边模拟其形态或叫声，边说出某种动物的名称。通过模仿其滑稽的形态，发出惟妙惟肖的叫声，幼儿自然就联想到了这种动物，其英语名称自然就理解了。之后，教师可说出动物名字，让幼儿自己模拟其形态和叫声。最后，还可做"我演你猜"游戏，由教师或幼儿模拟动物，其他幼儿说出其英文名称。

5. TPR 与音乐律动相结合

在幼儿英语教学活动中，可以加入 TPR 音乐律动歌曲的教学，让孩子们在轻松、欢快的气氛中唱唱跳跳、高高兴兴地学习英语。例如，在幼儿学习人体部位话题时，教师可以在教唱 Head Shoulders Knees and Toes 这首儿歌的同时，结合肢体动作示范讲解歌词的含义，幼儿一同随着教师的动作用手分别触碰自己的头、肩、膝和脚趾等部位。又如，在幼儿练习数字话题时，可以用一则 chant 配合幼儿玩的"你拍一 我拍一"活动。"One apple, two apples, three apples, four apples, five apples, six apples, seven apples, more. Eight apples, nine apples, ten apples, all!"孩子们面对面边说 chant，边交替用左右手出示说出的数字。这样，原本对于幼儿很难的词汇或很难记忆的句子都随着教师的动作示范和学生的学做，变得简单而便于记忆。教师在教唱一些故事性较强的英文歌曲时，也可以结合 TPR 和律动的理论，自己创编一些简单、容易模仿的动作来帮助幼儿更好地理解和记忆。

6. 结合整体教学法

整体教学法提出，儿童在自然环境中把语言当作一个整体来学习，即儿童学习语言不是从零零碎碎的片段开始的，而是从听懂父母用完整句子传递过来的完整意思开始的，再慢慢学着开口，并用语言表达自己的意思。

能够把一个主题概念多角度、多层次地反复出现，使学生有机会把过去所学的知识和经验与今天的学习任务结合起来，使新的知识在头脑里形成"网状记忆""网状联想"，从而提高英语学习的效率和质量。

教师通过完整的故事情节或活动教句子，然后通过完整的句子教单词。这样，有利于儿童从整体上把握一个句子或单词的意义。例如，教师准备好仿真的"apple, bread, rice, banana"等食品道具。教师边夸张地"吃"着这些食物,边说"I am eating an apple now",并可以将"an apple"换成"a piece of bread""a bowl of rice""a banana"等,但名词前的不同冠词、量词不必解释。

 思考与讨论

（1）用 TPR 教学法教授"美丽的颜色"应该怎样设计？

（2）用 TPR 教学法教授"parts of body"应该怎样设计？

（3）用 TPR 教学法教授"可爱的动物"应该怎样设计？

（4）用 TPR 教学法教授"我爱运动"应该怎样设计？

（5）用 TPR 教学法教授"帮助我们的人（职业）"应该怎样设计？

五、TPR 教学法利弊分析

1. TPR 教学法的优点

（1）营造愉快轻松的课堂氛围,消除幼儿紧张心理。TPR 教学法吸取了人文主义心理学的部分理论,主张情感因素在学习中起着重要作用。它支持师生间良好的情感交流,认为这样可以营造良好的学习氛围。TPR 教学法缩短了教师和幼儿的距离,让幼儿感受到自己是在放松的环境中学习。这样,有利于帮助幼儿降低紧张情绪,提高幼儿的学习效果。

此外,TPR 教学活动特别强调帮助幼儿理解英语并实现使用英语交流,对幼儿的错误采取容忍的态度。这样的教学方式有利于消除幼儿的紧张心理,促进幼儿大胆开口说英语。

（2）有利于培养幼儿的学习兴趣。TPR 教学法能提供一个与实际生活紧密相连的学习环境,能够抓住幼儿的注意力,利用幼儿的无意注意和形象记忆为主的特点,让幼儿在各种快乐的活动中,在循环反复的练习中学习语言,做到听中学、说中学、做中学、玩中学,并能够有效激发幼儿的学习兴趣和积极性。

（3）帮助幼儿建立英文思维。TPR 教学法使用动作直接建立"动作"和"声音"在大脑中的联系,消除了两种语言之间的翻译过程,当语言配合动作重复多遍后,幼儿能迅速地对指令做出反应,从而培养幼儿英语思维的能力和习惯。

2. TPR 教学法的缺点

（1）教师肢体语言的不恰当容易造成幼儿理解上的困难。多数幼儿对教师的肢体语言非常感兴趣,但如果教师肢体语言不够形象、过于丰富甚至花样过多或模仿不到位,会造成幼儿的理解偏差,对教师的本意产生误解或根本不理解,长此以往,会降低幼儿学习兴趣。

（2）忽视了作为交际活动的重要形式——对话。TPR 教学法以句子为教学的基本单位,所涉及的语言以单句和命令为主,重视培养听指令、做动作和说单句的能力,但其对于作为交际活动的重要形式——对话有所忽视,课堂环境的创设也是为学习语言形式服务的,而实际交际情景要复杂得多,因此需要和其他教学方法配合运用以弥补其不足。

(3) 适用的言语有局限性。只有部分词汇、语句可以用 TPR 教学法来教,一些抽象的、不涉及动作的词利用 TPR 教学法来教就十分牵强。例如,教授一个星期中的 7 天,从 Monday 到 Sunday,用这种方法就不适合。

六、TPR 教学法对教师的要求

1. 良好的英语语音

幼儿期是英语语音发展的关键期,幼儿学习英语更多的是通过模仿教师的语音、语调。教师是幼儿模仿的直接对象,教师的语音面貌对幼儿有着很大的影响。此外,TPR 教学法要求教师采用简单易懂的英语指令进行授课。因此,作为幼儿园英语教师,应具有较好的英语口语能力,发音要尽量与西方人相同,语言表述得体,同时注意语言的节奏感,从而使之有一定的感染力。

2. 较强的模仿力和肢体语言表达能力

教师要有一定的模仿力。在读音准确的前提下,教师要注意面部表情的变化,注意到模仿西方人讲话时丰富的面部表情;在动作行为的模仿方面,模仿各种角色要惟妙惟肖、夸张幽默、引人入胜,尽量使幼儿置身于真实的场景。

此外,TPR 教学法还要求教师创造性地将各种词汇编成相对的动作,让孩子来表演,以帮助孩子记忆。例如,在教授大象时,教师可以用紧扣的双手和伸长的手臂比作大象的鼻子;在教"冷"的时候,教师可以通过将双手抱在胸前,浑身颤抖做出冷的模样。

3. 一定的音乐修养和美术功底

在实际教学中,教师要利用自己丰富的肢体语言帮助儿童理解英语歌曲的含义,并和幼儿一起表演相应的动作。这样,不仅可以促进他们多种感官的发展,还有利于幼儿良好情绪情感的体验。

TPR 教学法主张用形象直观的视觉刺激帮助幼儿感知语言目标,这就要求教师能充分利用直观教具(图片、实物、头饰等)及多媒体仪器辅助教学。因此,幼儿英语教师必须有一定的美术功底,尤其是简笔画和手工制作的能力。

七、TPR 教学资源

1. 肢体动作配合课堂用语

(1) Good morning/afternoon/evening everybody.
两手五指张开,由下往上交叉转动至头顶,然后两手手掌朝上从胸前往两边平举打开。

(2) Is everybody here?
一手置于两眼上方,做找人状。

(3) Stand up, please.

两手在胸前击掌后,打开手掌朝上向上抬。

(4) Sit down, please.

两手在胸前击掌后,打开手掌朝下向下压。

(5) Let's have a warm-up.

两臂打开,双手五指并拢,置于胸前。然后,一手叉腰,两腿张开宽于两肩。另一手伸直高于头,向侧压身。

(6) Look at me.

两手做 OK 状,置于眼前绕圈,然后将两个大拇指指向自己。

(7) Look at you.

两手做 OK 状,置于眼前绕圈,然后将两个大拇指指向前方。

(8) Listen to me.

一只手五指张开,手指向上,放在耳边做倾听状,然后五指置于胸前指向自己。

(9) Listen to you.

一只手五指张开,手指向上,放在耳边做倾听状,然后食指置于胸前指向教师。

(10) Be quiet.

伸出一食指放在嘴边做出要求安静的表情。

(11) Show me your hands.

两手在胸前击掌后,两手臂与肩同宽平,举至胸前手掌朝外,手指向上。

(12) Follow me.

两手伸出大拇指,朝胸前指两下,同时两脚先后跷起脚尖,脚跟着地。

(13) Follow you.

两手伸出食指指向前方,同时两脚先后跷起脚尖,脚跟着地。

(14) Repeat after me.

用手做讲话状置于胸前,两拳来回转动。

(15) Let's play a game.

双手握拳,两肘与肩同宽置于胸前,两拳来回转动。

(16) It's your turn.

一手从胸前向外打开,手心向上,做出请某人状。

(17) Anyone else?

做举手状,以肘为中心,左右摆动。

(18) Let's sing a song.

左手握拳置于嘴边做举麦克风状,右手平举微微向上,手腕下压,手指朝上,同时耸抬双肩。

(19) Which song?

两胳膊夹紧,前臂以肘关节为中心绕一圈后在胸前打开双手,手指朝上,同时耸抬双肩。

(20) ...OK?

大拇指和食指圈成圈,其他三指上翘,以胸前为基点,向上滑动举至头顶。

(21)…OK!

大拇指和食指圈成圈,其他三指上翘,上举空中为基点,向下滑动举至头顶。

(22) Are you ready?

两手食指指向前方,与肩同宽,然后伸出右手打一响指。

(23) Yes,ready.

两手握拳,两肘与肩同宽置于胸前,拳面向上,将两手向下拉动,同时跺一下脚。

(24) Let's read the book.

两臂打开,双手五指并拢,置于胸前,然后双手平伸,掌心朝脸,左右晃动几下。

(25) Good for you! Good for you! Very good!

击掌后双手伸出大拇指(两次),双手握拳在胸前转动两圈再伸出大拇指。

2. 肢体动作配合鼓励用语

(1) G-O-O-D,Good! Good! Good!

做"G,O,O,D"的字母操,击掌3次。

(2) N-I-C-E,Nice! Nice! Nice!

做"N,I,C,E"的字母操,击掌3次。

(3) Good for you! Good for you! Very good!

击掌后双手伸出大拇指(两次),双手握拳在胸前转动两圈,再伸出大拇指。

(4) Good for me! Good for me! Very good!

击掌后双手伸出大拇指(两次),双手握拳在胸前转动两圈,再伸出大拇指指向自己。

(5) Pi-li-pa-la,pi-li-pa-la,light fireworks!

双手握拳在胸前转圈,同时身体转一圈;然后,上举双臂至空中,拳头打开,五指张开。

(6) Ping-pong-pong, ping-pong-pong! Ping-pong-pong, ping-pong-pong! PENG! POPCORN!

两腿微弓,双手先微握拳置于胸前,五指像开花一样张开闭上,由左至右交替进行,再由右至左交替进行。最后,上举双臂,握拳再张开五指,重复4次。

(7) Woo-Ga Ga! Woo-Ga Ga! Woo-Ga Ga! Woo-Ga Ga! Oh-Yeah!

两脚张开宽于肩,左手叉腰,右手做Talk状在嘴前由右至左捏动。同样的动作左右手交换一次。然后,双手握拳在胸前转动两圈,像小天鹅一样跳起来。

3. 肢体动作配合热身活动

(1) Hello. Hello. How are you?

左手五指张开,掌心向前,在左胸前绕一圈;然后,右手五指张开,掌心向前,在右胸前绕一圈。最后,击掌两下,向前伸直手臂,伸出大拇指。

(2) Fine. Fine. Fine,thank you!

左手斜放于右肩,右手放于左肩,然后同时拍肩两下;两手由胸前伸出,同时伸出大拇指。

(3) Hello. Hello. How are you?（同第一句）Oh, Oh. Just so so.

左手掌心由下翻上伸至左侧,右手掌心由下翻上伸至右侧,然后耸肩几次。

(4) Hello. Hello. How are you?（同第一句）No, No. It's terrible.

左手掌心由上翻下伸至左侧,右手掌心由上翻下伸至右侧;然后,一手叉腰,另一手握拳捶额头。

(5) Dance your fingers up.

不停地舞动十指,同时向上举双臂。

(6) Dance your fingers down.

不停地舞动十指,同时放下双臂。

(7) Dance your fingers to the side.

不停地舞动十指,同时两手由两肩向两侧平举。

(8) Dance them all around.

不停地舞动十指,同时两臂由胸前交叉打开,画个大圆。

(9) Dance them on your shoulders.

不停地舞动十指,同时把手放在肩上。

(10) Dance them on your head.

不停地舞动十指,同时把手放在头上。

(11) Dance them on your tummy.

不停地舞动十指,同时把手放在腹部上。

(12) And put them all to bed.

双手五指并拢,双手合十,放在肩上,头同时也置于手上。

(13) You have one, I have one.

拍一下手,然后右手食指伸出,同时向前平举右臂;拍一下手,然后左手食指伸出,同时向前平举左臂。

(14) Two little children see a big man.

一手叉腰,一手伸出两个手指,晃两下;然后,两手的拇指和其他并拢的四指,在两眼前捏一下;最后,两臂交叉从空中打开,画个大大的圆。

(15) You have two, I have two.

拍一下手,然后右手伸出两指,同时向前平举右臂;拍一下手,然后左手伸出两指,同时向前平举左臂。

(16) Four little children go to school.

两手各伸出两指,向前平举两臂,左右晃动两下;然后,两手搭肩,左右晃两下。

(17) You have three, I have three.

拍一下手,然后右手伸出三指,同时向前平举右臂;拍一下手,然后左手伸出三指,同时向前平举左臂。

(18) Six little children plant a tree.

两手各伸出三指,向前平举两臂,左右晃动两下;然后,双手握拳做握铁锹把状,左手低,右手高;最后,做挖土状。

(19) You have four, I have four.

拍一下手,然后右手伸出四指,同时向前平举右臂;拍一下手,然后左手伸出四指,同时向前平举左臂。

(20) Eight little children stand at the door.

两手各伸出四指,向前平举两臂,左右晃动两下;然后,双臂在胸前交叉相搭,侧身,同时伸出一脚,脚跟着地。

【实训任务】

(1) 观摩幼儿园英语教学活动,记录TPR教学活动并对活动进行评价。

(2) 在学前实训室中进行模拟教学实践。4~5人一组,组员分工合作共同确定相关教学目标,设计适当的TPR幼儿英语教学活动,并实施教学。

每组安排一个或几个幼儿将设计好的活动或教学活动在虚拟幼儿园教育、教学活动场景中演示出来。全班同学一同观看,之后是讨论环节,分组进行,讨论后每组派一位代表对活动进行评价。主要评价两个方面的内容:一是对"精彩部分"给予肯定;二是指出活动中出现的"不足"。在评价过程中,既有活动内容的表述,也有根据活动内容进行理性的升华。最后是教师总结。

根据评价改进TPR幼儿英语教学活动并在幼儿园实施。

第二节 交际教学法

学习目标

(1) 掌握交际的特征。
(2) 能够设计并实施交际性幼儿英语教学活动。
(3) 能够在日常生活中以英语为媒介与幼儿进行交流。
(4) 能够对交际教学法教学活动进行评价。

第五章第二节课件

技能要求

(1) 能够独立运用交际教学法进行大、中、小班英语教学。
(2) 能够在幼儿日常生活中用英语与幼儿进行交流。

一、交际法简介

交际法也称功能法(functional approach)或意念法(notional approach),是20世纪

70年代根据语言学家海姆斯(Hymes)和韩礼德(Halliday)的理论形成的,是全世界影响较大的外语教学法流派。交际学派认为,语言教学的目的是培养学生使用目的语进行交际的能力,语言教学的内容不仅要包括语言结构,还要包括表达各种意念和功能的常用语句。交际法重视培养学习者的语言能力,采用真实、地道的语言材料,主张通过"句型+情景"来学习语言,鼓励学习者多多接触和使用外语。

二、在幼儿英语教学中运用交际法

1. 什么是交际

阅读以下3个案例,你认为这些课堂活动是交际活动吗?为什么?考虑好后和同学交流想法并讨论。

案例1:教师指着一本书说:"This is a book."幼儿则跟着说,并反复几遍。

案例2:教师指着一本书问:"What's this?"幼儿回答:"It's a book."教师再指铅笔、本子等其他学习用品问同样问题,幼儿回答。

案例3:教师准备一个魔术箱,从中摸到一样东西,做神秘表情并问:"Guess. What's in my hand?"幼儿猜并回答:"It's a…"最后,教师将手中物品从魔术箱中取出并祝贺猜对的小朋友。

交际的标志是在一定的语言环境下,为了一定的语用目的而运用所学的内容,侧重语义、内容的掌握,侧重运用语言进行信息交流。也就是说,交际的双方存在"信息沟"(information gap),即存在甲方"已知"而乙方"未知"的信息,或乙方"已知"而甲方"未知"的信息,通过交流,双方的"信息沟"填平了,甲、乙双方知道了自己原来未知的信息。由此可见,案例1不是交际,因为教师与幼儿之间没有信息交流,只是重复练习。对于案例2,教师与幼儿之间不存在"信息沟",且在真实交际中,不可能存在这种"明知故问",因此也不是交际,而只是句型的操练。案例3中,教师通过猜谜游戏,制造出教师与幼儿间的"信息沟",产生"听的理由"和"说的动机"。所以,案例3是交际。

小贴士

如果教师指着书上的词、句子、例子做练习,一遍又一遍地让幼儿跟读、重复,是无法激发幼儿学习语言动机的。幼儿参与活动需要明白原因,如"为了完成一幅画"或"猜到正确答案"而寻找信息,即参与本身包含了动机因素。教师的职责就是给幼儿创设动机,使教学活动有交际价值,使整个活动变成近乎实际的交际过程。例如,让儿童猜"How many apples are there in the bag?",幼儿不是刻意去想记句型,而是想猜到正确答案。等到他在反复猜测之后,已基本学会使用词语和句型,并在听和用的过程中修正了自己的发音。

2. 如何引导幼儿交际

创设交际情境,制造"信息沟",激发幼儿交际的动机。交际功能主要是幼儿在日常生活中常用的内容,包括问候、告别、感谢、介绍、道歉、购物等,以便儿童能接触和掌握在不同的场合,为达到不同的交际而使用不同的语言结构。

> **思考与讨论**
>
> 分析以下大、中、小班交际法教学案例,讨论案例中教师制造的"信息沟"是什么,这些信息沟又是怎样被填平的。

案例 1

教学目标:通过与 Family 相关主题,学习用"Hello!""Hi!"进行问候。

教学准备:教师与父母、爷爷、奶奶的合影;扮演爸爸(领带、公文包等)、妈妈(女士手包、高跟鞋、连衣裙等)、爷爷(老花镜、白胡子等)、奶奶(围巾、裙子等)的道具。

适合年龄:小班。

教学过程如下:

(1)当教师进教室后,用"Hi, boys and girls."与幼儿打招呼,并鼓励幼儿也以"Hi, (Miss Li)."来回应。

(2)教师以"Hello!""Hi!"来问候每一个小朋友,并鼓励幼儿也以"Hi, (Miss Li)."来回应。

(3)拿出与家人的合影,逐一介绍自己家人(This is my mommy...)。

(4)请幼儿在教师的帮助下利用道具扮演教师的家人,并把他们一一介绍给全班幼儿,"家人"与幼儿相互以"Hello!""Hi!"来问候。

案例 2

教学目标:通过与"情绪"相关主题,学习用"I'm happy"等表达自己的情绪。

教学准备:图画纸、彩色笔。

适合年龄:中班。

教学过程如下:

(1)引导孩子们讨论今天的心情,让幼儿说说他们为什么有这样的心情。例如:

——How do you feel today?

——I'm happy.

——You feel happy! Why do you feel happy?

——我和小狗玩得高兴。

——Because you(played with your dog).

幼儿无法用英语说明原因,教师可鼓励幼儿用中文来表达。

(2)发给幼儿每人一张图画纸,让孩子们用彩笔画出自己的心情。

（3）教师将"I feel(happy,angry,sad,scared,tired)"写在黑板上,鼓励幼儿在自己的图上标出"I feel(happy)"。如果孩子有困难,教师可帮忙写出。

（4）请幼儿分享作品,并表达他们的心情。如果幼儿能用英语说明产生这种心情的原因,就鼓励他们讲出来。

案例 3

教学目标：配合主题"帮助我们的人",学习表达"想要"——意愿表达方法"I want to be a(teacher)",并使幼儿听懂"What do you want to be when you grow up?"的意思。

教学准备：各种行业工作的照片。

适合年龄：大班。

教学过程如下：

（1）教师拿出警察的照片,问幼儿"这是谁,有没有见过警察,在哪里见到的,警察的工作是什么"等。例如：

—Who is he?

—Have you ever seen a police officer?

—Where did you see a police officer?

—What does he do?

幼儿无法用英语说明原因,教师可鼓励幼儿用中文来表达。

（2）问幼儿谁长大想当警察。（如 Who wants to be a police officer?）

（3）问其他幼儿长大想做什么。如果幼儿不会表达,教师可利用英文复述幼儿说的话。例如：

—What do you want to be when you grow up?

—I want to be a(doctor).

—You want to be a(doctor).

（4）请幼儿一一做动作表演出他们未来想从事的职业,并请其他小朋友猜一猜。使他们尽量说出"You want to be a(doctor)."。

案例 4

教学目标：通过公园主题,复习句型"Where …?""It's in/on/under/…"。

教学准备：教师事先在公园里搜集一些树叶、花、草、石头等,准备可培养观察能力的有公园背景的大图(见图5-1)。

适合年龄：大班。

教学过程如下：

（1）教师拿出事先收集好的树叶、花、草、石头等,请幼儿说出在什么地方可以找到这些东西。例如：

—Where can you find(grass)?

—…

—Yes,in the park.

（2）教师指着树叶问幼儿叶子从哪来。

—Where can you find(leaves)?

图 5-1 公园背景图

—...

—Yes, on a tree.

(3) 教师以同样的方式问孩子们花、石头从哪儿来。

—Where can you find a stone (flowers)?

—...

—Yes, under a tree/in the park.

(4) 进一步问什么昆虫喜欢花。

—What insects like flowers?

—Bees/Butterflies like flowers.

(5) 森林公园中的小动物在吃午餐,请幼儿一一找出图中隐藏的物品。

—Little animals are having lunch in the forest park, but where is the toothbrush ?

—It's in the tree.

—Where is the butterfly 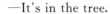 ?

—It's on the little monkey's hat.

—Where is the bird ?

—It's flying above the trees.

—Where is the potato ?

—It's on the giraffe's back.

—Where is the candy ?

—It's under the big tree, on the grass.

综合分析：在以上4个案例中,幼儿们关注的是他们如何介绍自己的家人,如何表达自己的情感、意愿,如何描述自己的发现并将家人信息、情感、意愿、发现传递给其他的小朋友和教师,而不是关注语言的结构,进行简单的重复或操练。幼儿在交际中学习语言,又运用语言达成交际目标,交际既是教学手段又是教学目标。

3. 利用情境,抓住交际时机

除了制造"真实语境"的交际活动外,幼儿英语或双语教师还应利用日常教育活动或生活中的情境,抓住时机使用英语与幼儿进行对话交流。

有些教师会尖锐地提出,对于初学者"一节课就学三五个单词,一两句话,怎么交际?"其实不然。如果教师从一开始就引入交际法的思想,在教学过程中能多创设情境或结合实际教一些幼儿想学、乐学的内容,注意引导和帮助幼儿运用所学的内容去实践、去交际,日积月累,幼儿慢慢就会形成交际的意识。例如,在开始学习英语时总要学几句问候的话语,如"How are you"。如果你把这一句问候语当作一个句型来教,一节课内你教不会所有的孩子。即便有的孩子当时会了,保不准一个星期、两个星期、三个星期后又忘光了。你可能会埋怨孩子：你们怎么一节课也学不会一句话。孩子也会感觉到：外语怎么这么难学。这时,如果融入交际法的理念——"交际是目的,又是手段",你就会在日常生活中反复呈现和使用这句话,耐心、宽容地等待每一位孩子去感知、去理解,直至最后能熟练地运用。"在用中学,在学中用"的理念,正是交际法的精髓所在。

思考与讨论

在日常生活中能怎样用英语与幼儿交流？考虑好后与同学讨论一下。

案例1——早上入园

(1) 交际用语

① Good morning!/Morning! 早上好！

② Hello, Mary. Nice to meet/see you. 你好,玛丽。很高兴见到你。

③ How are you today? 你好吗？

④ Please say "Thank you" to the driver!（对孩子说）谢谢司机！

⑤ Please get off the school bus. 请下校车。

⑥ I think you are old enough to take the school bus. 我觉得你已经长大了,可以乘坐校车了。

⑦ —Is this your schoolbag? ——这是你的书包么?

—Yes, it is. ——是的。

—Will you please put on your schoolbag? ——请背上你的书包好吗?

—OK. ——好的。

⑧ Put your schoolbag on yourself, please. 请背好书包。

⑨ Give me a hug/kiss. 抱一下/亲一下。

⑩ Please come in. Say "Good-bye" to your Daddy/Mommy/grandma/grandpa. 请进。跟爸爸/妈妈/奶奶(外婆)/爷爷(外公)说再见。

⑪ Wave bye-bye. 挥手再见。

(2) 应用案例

Case Ⅰ：For Junior Group

(K—Miss Kate；A—Alice)

K：Good morning, Alice.

A：Good morning, Miss Kate.

K：Is this your Mom?

A：Yes.

K：Come in, please. Say "Bye-bye" to your Mom.

A：Bye, Mom.

Case Ⅱ：For Middle Group

(A—Miss Amy；J—Jane)

A：Nice to meet you, Jane.

J：Nice to meet you, Miss Amy.

A：Please get off the school bus and put on your schoolbag.

J：OK.

A：Please say "Thank you" to the driver.

J：OK. Thank you, Uncle.

A：Good! You are very polite. Let me give you a kiss!

J：Thank you.

A：Let's go to the class.

J：OK, let's go.

Case Ⅲ：For Senior Group

(J—Miss Jenny；A—Alan)

J：Hey! Alan, how are you today?

A：I am very fine, thank you, and you, Miss Jenny?

J：Me too. Please come in and wave goodbye to your mom.

A：Goodbye,mom!

J：Alan,you are five now. I think you are old enough to take the school bus.

A：OK. I will try it next time.

J：Good! You are so brave.

案例2——早间活动

（1）交际用语

① What should we do now? Let's play a game. 现在我们该做什么？让我们玩游戏吧。

② It's time to do morning exercises,please go out and line up. Make one line/two lines. 现在是早操时间，请出去排队。请排成一队/两队。

③ Look forward! At ease! Attention! March in your place,right,left... 向前看！稍息！立正！原地踏步，左，右……

④ Let's see who is very quiet. 我们看看谁安静。

⑤ Please look at me,boys and girls. Do as I do. 请看着我，跟我做。

⑥ Let's go back to the classroom! 我们回教室吧！

⑦ One by one,please,no pushing. /Please don't crowd. 一个接一个，不要推/挤。

⑧ Please go to read the story/play with the toys. 请读故事/玩玩具。

⑨ —Can you bring your chair over here and sit down? —OK. ——把椅子拿到这来坐下好吗？——好的。

⑩ Here are some toys. Let's play with the toys. 这有一些玩具。让我们来玩玩具吧。

⑪ —You did it all by yourself? —No. She helped me. ——全部都是你自己做的吗？——不是，她帮我的。

⑫ It's time to pack up. （晨间活动）该整理了。

⑬ Pick the toys up off the floor. 把地板上的玩具捡起来。

⑭ Now,let's pick up the toys and set the chairs against the wall. 现在把玩具捡起来，并把椅子靠墙放好。

⑮ Please put them back on the shelf. 请把它们放回架子上去。

⑯ Line the chairs up. 把椅子排列好。

⑰ Put your chairs in nicely,so that they don't make much noise. 把你的椅子轻轻地放进去，这样不会发出很大的噪声。

（2）应用案例

Case Ⅰ：For Junior Group

(A—Miss Amy；K—Kids)

A：Kids,it's time to do morning exercises. Let's go out.

K：OK.

A：Line up,everyone. Attention!

K：1,2,3.

A：Arms up!

K：1,2,3.

A：Arms down!

K：1,2,3.

A：Are you ready?

K：Yes.

A：Let's run.

K：1,2,3,4.

Case Ⅱ：For Middle Group

(Jane—Miss Jane；M—Mark；K—Kids)

J：Hi,Kids. What shall we do now? Let's play a game. OK?

K：Great!

J：Let's do finger plays,OK?

K：OK.

J：Dance your fingers. Follow me. Ready? Go!

K：Dance your fingers up.

　　Dance your fingers down.

　　Dance your fingers to the side.

　　Dance them all around.

　　Dance them on your shoulders.

　　Dance them on your head.

J：Very good! Mark performed well. Would you like to have a show in front?

M：Yes,I'd like.

J：You did a good job,Mark. Who wants to try again?

K：I do. I do.

Case Ⅲ：For Senior Group

(Jane—Miss Jane；M—Mark；K—Kids)

J：Kids,let's play an interesting game,OK?

K：Good idea!

J：Please look at me. Do as I told you. Let me see who is the fastest one.

K：(acting as the teacher told them)

　　Stand up.

　　Sit down.

　　Sit on the mat.

　　Hands up.

　　Hands down.

　　Turn around.

Touch your leg.

Touch your face.

...

J：You did a good job. Who wants to have a try in front?

M：Let me have a try.

J：Great!

J：So much for the game. It's time to pack up. Who would like to set the chairs against the wall?

K：I'd like to.

案例 3——餐点

（1）交际用语

① It's time for lunch. 该吃午饭了。

② We'd better get back for lunch! 我们最好回去吃午餐。

③ Wash and dry your hands before you eat. 吃饭前洗手并擦干。

④ Did you wash your hands? Let me have a look. 你洗手了吗？让我看看。

⑤ Lunch is ready. Set the table, please. Please sit by the table. 午餐已经准备好了。请把桌子摆好。请坐在桌子旁。

⑥ Take one towel each. 每个人拿一条毛巾。

⑦ —Are you hungry? —Yes, I am hungry. ——你饿吗？——是的，我饿。

⑧ I will just let them cool. 我只是想冷却它们。

⑨ Smells nice. 闻起来真香！

⑩ Can you use chopsticks? 你会用筷子吗？

⑪ Take care! It is hot. You need to wait. 当心烫手。你需要等待。

⑫ Your food is getting cold, eat it quickly. You do not want to upset your stomach. 你的食物快凉了，赶紧吃。你不希望胃不舒服吧。

⑬ Would you like some food? 来点吃的怎么样？

⑭ Which one smells nice? 哪个闻起来香？

⑮ —What do you think about this soup? —I do not like it. ——你认为这汤怎么样？——我不喜欢。

⑯ I don't like it. It's sour. 我不喜欢。它是酸的。

⑰ The food looks so nice, let's taste it. 这食物看上去挺好吃的，让我尝尝。

⑱ —Is it good? —No, it tastes awful. ——味道好吗？——不，味道很糟糕。

⑲ It's good! It's delicious. /It's very tasty. 好吃。

⑳ Eat this, it's yummy! 吃这个，非常好吃！

㉑ Keep the table clean. 保持桌子干净。

㉒ What kinds of food can keep us healthy? 哪种食物使我们的身体保持健康？

㉓ Eat your food, Jim, then you may talk. 咀嚼后吞下食物,吉姆,然后你才能说话。

㉔ I would like a cup of tea. 我想要一杯茶。

㉕ — Have you washed your hands? —Yes I have. ——你洗手了吗? ——是的,我洗了。

㉖ Don't play while you are eating. 吃饭的时候不要玩。

㉗ It's good for you. 这对你有好处。

㉘ Are you sure you've had enough? 你确定你吃饱了吗?

㉙ —Are you full? —Yes, I am full. ——你吃饱了吗? ——是的,我饱了。

㉚ Please hold your bowl steady. 请拿好你的碗。

㉛ Keep your food on your plate. (可用于幼儿把食物弄到盘子外时)把食物放在盘子上。

㉜ Don't talk while eating. 吃饭时不要说话。

㉝ Don't talk with your mouth full. 吃东西时别说话。

㉞ Don't spill your soup. 不要把你的汤洒了。

㉟ Eat up your food. 吃完你的食物。

㊱ Take your time, enjoy your food. 不要着急,慢慢享受你的食物。

㊲ Don't touch/run/push/jump/chase/play water. 别摸/跑/推/跳/追/玩水。

㊳ Put away your chair quietly. 轻轻地将椅子放好。

㊴ Put your cup in the cupboard. 把口杯放进橱柜。

(2) 应用案例

Case Ⅰ: For Junior Group

(A—Miss Amy; K—Kids)

A: Kids, lunch is ready. Please sit by the table.

K: OK.

A: Are you hungry?

K: Yes.

A: We have dumplings for lunch. Do you like it?

K: Yes. Dumplings are delicious.

A: Please try to finish everything in your bowls.

K: OK.

Case Ⅱ: For Middle Group

(A—Miss Amy; K—Kids; J—Jack)

A: Kids, lunch is ready. Set the table, please.

K: OK.

A: We have rice, fish and soup. Do you like it?

K: Great! It smells good!

A：Now have your lunch, please. Eat with you mouth closed.

K：OK. Thank you, Miss Amy.

A：Who wants more? Hands up!

A：(Jack handing up) What would you like, Jack?

J：Soup. It's so delicious.

A：Are you full now?

K：Yes, I am full.

A：OK. Please put your bowl in the basin. Take your chair and sit by the wall.

K：OK.

Case Ⅲ：For Senior Group

(A—Miss Amy；K—Kids；J—Jack；M—Mike)

J：I am hungry Miss Amy.

A：Don't worry. Lunch will be ready soon.

K：OK.

A：Kids, lunch is ready. We have rice and steamed bun. What do you prefer?

K：I want rice/steamed bun.

A：We also have fish and mushrooms.

K：It sounds great!

A：Don't talk while eating. Don't spread the rice about and use the towel to wipe your mouth. Is it clear?

K：Yes, Miss Amy.

A：Take your time and enjoy your food.

M：I am thirsty, Miss Amy. Could you give me some water?

A：You'd better have some soup. Here you are.

A：Who wants soup? Hands up!

J：Me. Please bring me a spoon, thank you.

A：You're welcome.

A：Are you full now?

K：Yes, I am full.

A：OK. Put away your bowl. Take your chair and sit by the wall.

案例 4——午睡时间

（1）交际用语

① —Are you sleepy? —Yes, I'm sleepy. ——你困了吗？——是的，我困了。

② We are going to sleep right now. 我们马上要睡觉。

③ Go to the bathroom. 去卫生间。

④ Please go pee-pee before you go to bed. 睡觉前请先去小便。

⑤ Please take off your shoes and put your shoes back on the shelf. 请脱下你的鞋子，然后放在架子上。

⑥ Please take off your clothes quickly. 快脱下你的衣服。

⑦ Undress yourself. 自己脱衣服！

⑧ Put on your pajamas. 穿上你的睡衣！

⑨ Fold your coat and pants and put them on the chair. 叠好你的外衣和裤子，把它们放在椅子上。

⑩ Get the blanket. 拿着你的毯子。

⑪ Lay down. Get under the covers. 躺下来，盖好被子。

⑫ Cover yourself with your blanket. 盖好毯子。

⑬ Pull up the covers. Please cover yourself up. 展开被子并盖好。

⑭ Cover yourself up so that you don't catch a cold. 盖好自己的被子以防感冒。

⑮ Put your hands under the blanket. 手放在毯子下。

⑯ Close your eyes. 闭上眼睛。

⑰ Sleep well. Sweet dreams! 睡个好觉。做个好梦！

⑱ No talking. Wish you have a good dream. 不要说话了。希望你有个好梦！

⑲ Be quiet. Go to sleep now. 请安静。现在睡觉了！

⑳ Resting helps us to grow. 休息帮助我们成长。

㉑ Your body needs to rest to stay well. 你的身体需要休息以保持良好状态。

㉒ Wake up, please. 请醒醒。

㉓ Help me wake Sunny up, please. 请帮我叫醒 Sunny。

㉔ Time to get up! 该起床了！

㉕ Did you have a good sleep? 你睡得好吗？

㉖ Can you dress yourself? Try it. 你能自己穿衣服吗？试一下！

㉗ Get up and dress yourself quickly. 赶紧起床，穿好衣服。

㉘ Tide up your pillows/blanket/quilt. 整理好枕头/毛毯/被子。

㉙ Fold your blanket. 叠好你的毯子。

㉚ Put your pants on. 穿上你的裤子。

㉛ Tuck your shirt into your trousers. 把你的衬衫塞在裤子里。

㉜ Please put on your shoes and put your slippers back on the shelf. 请穿上你的鞋子，将拖鞋放回架子上。

㉝ Please put your shoes on properly(put your shoes on the right feet). 请将鞋子穿正确。

㉞ I wonder where your socks have gone. 我在奇怪你的袜子到哪儿去了。

㉟ I think I know where your socks have gone. 我想我知道你的袜子在哪儿。

㊱ They must be there somewhere. 它们一定在某个地方。

㊲ Look under the bed. 在床底下看看。

㊳ Is this yours? 这是你的吗?

（2）应用案例

Case Ⅰ：For Junior Group

(H—Miss Helen；K—Kids)

H：Kids,We are going to sleep right now.

K：OK.

H：Are you sleepy?

K：Yes.

H：Who wants to go pee-pee?

K：Me. Me.

H：(Kids Coming back)Take off your clothes and your shoes. Cover yourself and close your eyes.

K：OK.

H：Have a good dream!

K：Thank you.

Case Ⅱ：For Middle Group

(H—Miss Helen；J—Jack；K—Kids)

H：Kids,It's nap time. We should be going to sleep now.

J：But I am not sleepy.

H：Dear,resting helps you to grow.

J：Oh! But Miss Helen,I want to go pee-pee.

H：Go please. Come back soon.

J：OK.

H：Jack,everyone else is already up. We're waiting for you.

J：I'm coming.

H：Please take off your clothes and lay down quickly.

J：OK.

H：Cover yourself up so that you don't catch a cold.

K：Thank you!

Case Ⅲ：For Senior Group

(H—Miss Helen；T—Tom；J—Jack；K—Kids；A—Alice)

H：Kids,it's time to get up!

K：Let me sleep for a while.

H：Get up and dress yourself quickly.

K：OK.

H：Did you have a good sleep?

K：Yes. /So so. /Not bad.

J: Miss Helen, I can't find my socks.

T: Are they yours?

J: No, my socks are black. Oh! Here they are!

A: Miss Helen, I don't know how to tie my shoes.

H: Let me help you.

A: Thank you!

H: Hurry up! Kids. Put on your clothes and shoes. Come here and line up.

K: OK.

三、交际教学法的利弊分析

交际教学法的优点是重视幼儿的实际需要，重视交际能力的培养，有利于幼儿在一定的社会环境中恰当地使用目的语进行交际。

重复、背诵、操练仍然是许多英语教学活动的主旋律，幼儿们机械地记住了英文单词、句型或对话，却没有运用语言的能力。有的幼儿在课堂上会说"Hello!"，但当在生活中有人用"Hello!"同他打招呼时他却不会回应。

再举一个比较常见的例子，如果有人问："How are you?"，许多英语学习者都会条件反射地接这样一段话："I'm fine, thank you. And you?"即使他们的情况很不好，他们仍然这样说，因为他们只是将学习材料中的语句机械地背下来，他们并不知道在不同的情景下，应怎样回答。

由此可见，通过交际学习语言对于语言学习者的语言运用能力的形成是至关重要的。

作为一种教学方法，交际教学法也有其缺点，那就是通过交际法教授外语很难保证语法项目编排的体系性。因此，在交际的课堂中，人们在关注语言意义表达的同时，不应排斥对语言形式的关注，可采取多种教学方法、手段并用的课堂模式。

【实训任务】

（1）观摩幼儿园英语教学，记录交际教学活动并对活动进行评价。

（2）在学前实训室中进行模拟教学实践。4~5人一组，组员分工合作共同完成确定的相关教学目标，设计适当的幼儿英语交际教学活动，并实施教学。

交际法交通方式

每组安排一个或几个幼儿将设计好的活动或教学活动在虚拟幼儿园教育、教学活动场景中演示出来。全班同学一同观看，之后是讨论环节，分组进行，讨论后每组派一位代表对活动进行评价。主要评价两个方面的内容：一是对"精彩部分"给予肯定；二是指出活动中出现的"弊端"。在评价过程中，既有活动内容的表述，也有根据活动内容进行理性的升华。最后是教师总结。

反思并改进教学，在幼儿园实施教学。

（3）在幼儿园日常生活中实施英语对话活动。

第三节 任务教学法

> **学习目标**
>
> (1) 认识任务教学法。
> (2) 掌握幼儿英语任务教学的程序。
> (3) 能够独立运用任务教学法进行大、中、小班英语教学。
> (4) 能够对任务教学法教学进行评价。

第五章第三节课件

> **技能要求**
>
> (1) 独立运用任务教学法进行大、中、小班英语教学。
> (2) 对任务教学法教学进行评价。

一、任务教学法简介

任务教学法(task-based language teaching)是指教师通过引导语言学习者在课堂上完成任务来进行的教学。它是 20 世纪 80 年代兴起的一种强调"在做中学"(learning by doing)的语言教学方法,是交际教学法的发展,在世界语言教育界引起了人们的广泛注意。近年来,这种"用语言做事"(doing things with the language)的教学理论逐渐引入我国的基础英语课堂教学,是我国外语课程教学改革的一个走向。该理论认为,掌握语言大多是在活动中使用语言的结果,而不是单纯训练语言技能和学习语言知识的结果。在教学活动中,教师应当围绕特定的交际和语言项目,设计出具体的、可操作的任务,幼儿通过表达、沟通、交涉、解释、询问等各种语言活动形式来完成任务,以达到学习和掌握语言的目的。任务教学法是吸收了以往多种教学法的优点而形成的,它和其他的教学法并不排斥。

任务教学法通过完成多种多样的任务活动来激发孩子的学习兴趣。在完成任务的过程中,将语言知识和语言技能结合起来,有助于培养孩子综合运用语言的能力;有利于促进孩子积极地参与语言交流活动,启发想象力和创造性思维;有利于发挥孩子的主体性作用。在任务型教学中有大量的小组或双人活动,每个人都有自己的任务要完成,可以更好地面向全体孩子进行教学。任务活动内容涉及面广、信息量大,有助于拓宽孩子的知识面。在活动中学习知识,培养人际交往、思考、决策和应变能力,有利于孩子的全面发展。在任务型教学活动中,在教师的启发下,每个孩子都有独立思考、积极参与的机会,易于保持学习的积极性,养成良好的学习习惯,帮助孩子获得终身学习的能力。

二、在幼儿英语教学中运用任务教学法

1. 认识英语教学中的"任务"

任务具有以下六大关键特征：①任务是一个活动计划（work plan）。它有明确的目的（has a purpose），即明确要求儿童应解决什么问题，并有一定条件。②任务首要关注的是意义（a primary focus on meaning）。由于任务的目的是希望学习者能通过交际来提高语言水平，因此它要求以对意义的关注为出发点。但任务计划中并不规定任务参与者使用什么学习者语言、选择什么语言来完成任务，以取得最终成果，而是由任务参与者自己决定。尽管设计任务时希望学习者使用某些语言形式去完成任务，但最终的选择权仍然在学习者，而非任务设计者。因此，在设计任务时应考虑能使幼儿运用已有的语言。③任务涉及在真实世界里运用语言的过程（real-word processes of language use）。任务可以是真实世界中不一定存在的，但所涉及的语言运用过程是与真实交际过程一致的语言活动。因此，在设计任务时应建立相应的情景。④任务可以涉及听、说、读、写四大语言技能。⑤任务要求幼儿认知过程的参与，在完成任务的过程中幼儿需要思考，并通过思考寻求解决问题的办法。⑥任务还要求有明确的交际性结果。例如，手工作品、图画、剧表演等。对于幼儿来说，这是他们完成任务的目的。这六大关键特征描述了对任务的定义，也是提供判断一个活动是否属于任务的标准。（R. Ellis, 2003）

> **思考与讨论**
>
> 利用上述任务的关键特征判断以下活动案例是否为任务。

活动 1　字母书写

学习完字母 Aa 后，教师要幼儿用不同颜色的笔描出漂亮的字母宝宝 Aa。

活动 2　找不同

给幼儿展示两幅相似的画，让他们找出两幅画的不同，并用英语表达出来，教师负责将这些不同标在图上。

活动 3　购物

布置水果店情境，教师扮演水果店店员，幼儿扮演顾客买些好吃的水果来分享，交际工具为英语。

活动 4　介绍你的家人

事先要求幼儿将全家福照片带到幼儿园，并介绍照片中的人。将幼儿的全家福打在大屏幕上，由照片的主人介绍自己的家人。

活动 5　谈论颜色

幼儿 A 和幼儿 B 利用"—What color is it? —It's(red)."进行对话，谈论教室中的任意物品的颜色，对话越多越好。

活动6　我说你做

教师发出指令"touch your nose""touch your ear""touch your face""touch your mouth""touch your hair"等,然后引导幼儿一同做。做错的幼儿被淘汰,正确的继续游戏,最后产生一名或多名"胜利者"。

根据任务教学的六大特征,再列表对以上活动作一下比较,见表5-1。

表 5-1　根据关键特征判断活动是否为任务

关键特征	活动1	活动2	活动3	活动4	活动5	活动6
1.是否是一个活动计划	是,说明了孩子们要干什么	是,说明了孩子们要干什么	是,说明了孩子们要买水果	是,说明了孩子们要介绍家人	是,说明了孩子们要谈论教室中物品的颜色	是,孩子们需要说什么点什么
2.是否首要关注意义	否	是,孩子们关注两幅画中不同的地方,并告诉大家	是,孩子们关注要买到水果来分享	是,孩子们关注将家人介绍给大家	首要关注语言形式多于语言意义,因为要说出的句子已经给出,幼儿只要将句型中的颜色替换即可	是,孩子们需要根据语义行动
3.孩子能否自主调动语言资源	否	尽管孩子可使用的语言资源有限,但是教师没有预设他们要使用的语言	孩子自主决定如何选择语言来购买水果	孩子自主决定如何选择语言来介绍	否,因为孩子们只能按照所给句子进行替换练习	否
4.语言运用是否与真实世界的相似	否	是,尽管是非自然的活动,但孩子的表述与正常交际中的语言有对应关系	是,活动中语言使用与真实对话相似	是,真实世界中会有介绍家人照片或介绍家人的活动,孩子的语言与真实对话相似	是,与真实世界中人们在询问颜色时的语言相似	否,真实世界中不会有"摸摸你的鼻子""摸摸你的耳朵"这样的语言
5.涉及的语言技能	书写	说	说	说	说	听
6.是否需要孩子思考	基本不需要思考,只是抄写	需要通过观察思考找出不同	是,孩子需要考虑买什么,怎么买	是,孩子需要考虑介绍什么内容,怎么介绍	孩子只进行简单思考或基本不需要思考	孩子需要快速、正确地反应
7.是否有明确定义的交际成果	有,要求孩子们写出漂亮的字母宝宝	有,要求孩子找出不同	有,要求孩子买到水果来分享	有,小朋友和老师们认识了他/她的家人	没有,活动唯一的成果是活动本身,没有一个结果可以表明任务完成	有,有一位或几位胜出者

活动2、活动3、活动4具备了任务的所有关键特征,而活动1只是一项抄写作业,活动5是对话练习,而活动6是指令做动作,属于TPR教学法。

上述讨论说明了任务与作业、任务与练习及任务与 TPR 教学法的差别。对判断一个活动是否是任务,在表 5-1 中的第 2 点,即是否关注意义,是所有特征中最关键的一点。同样重要的是第 3、4、7 点,而第 1、5、6 点对许多教学活动都适合。

 小贴士

　　任务的结果与任务目的是不同的两个概念。前者指的是学习者完成任务后要取得的最终成果。而任务目的是指任务的教学目的,即通过任务活动来进行完成任务所需语言的运用。对于孩子而言,参与任务是为了达成任务要求的成果,而不是为了达成教学目的,这样他们不至于在活动过程中展现语言多于运用语言。对于教师而言,评价任务是否成功的标准是看是否达到了教学目的,而不是看学生是否达到任务的结果。这样,教师才不至于把孩子通过非语言手段而达到任务的结果的过程判断为成果的学习活动。例如,在上述活动 2 找不同任务中,如果幼儿用英语表达出不同之处(例如,In this picture, there is a dog on the mat. But in this picture, there is a cat. In this picture, the flower is red. But in this picture, the flower is yellow.),则找出的不同之处是任务结果,而教学目标却是相关语句的运用。若幼儿用手指出不同而非说出,那么就只有任务结果而未达成教学目标。

2. 幼儿英语任务教学的程序

　　幼儿英语任务教学的程序可分为任务前、任务中和任务后共 3 个主要阶段。

　　任务前阶段的目的是帮助幼儿做好未完成任务的准备,以便使任务的完成过程能更有效地促进他们的中介语的发展(中介语系统是指随着二语学习者的不断尝试而不断向目标语过渡、靠拢的过程)。教师可以从认知或语言角度帮助幼儿为完成任务做好准备,包括教师与幼儿在任务开始之前所进行的各种不同的活动。例如,①完成一个类似任务;②观察他人是如何完成同样任务的,即提供一个榜样;③参与非任务性准备活动,如相关语言的学习与巩固、相关背景知识活动;④让幼儿计划如何完成任务等。

　　任务中阶段,在这一阶段幼儿通过活动达成任务成果。教师作出如何完成任务的要求,如是否设置严格的完成时间限制,合理处理伴随交际的语言形式问题等。教师一般不直接参与任务,如有幼儿确实需要帮助,教师应适当给予帮助后及时离开,不过多影响幼儿继续完成任务。

　　任务后阶段,真实运用任务的反思审查阶段属于任务后阶段,在这一阶段,可以是对任务过程中出现的语言形式问题加以关注,也可提供机会让幼儿重做任务等。

3. 幼儿英语任务教学的举例

活动 1　制作采购单

　　活动目标:配合购物主题,活动目标有:①学习制作采购单;②熟练用英语表达自己想要购买什么(I want to buy some ...);③复习、学习食物的英语名称。

教学准备：超市或大卖场的广告（最好能有 bread,cake,candy,eggs,milk,hot dog,ice cream,juice 的图片）、食物闪卡、食品包装盒等。

适合年龄：中班。

活动过程如下。

（1）任务前阶段

① 方法准备：学习制作采购单。

a. 教师拿出超市或大卖场的广告，假装翻看，然后告诉幼儿，今天要带他们去超市，现在先计划一下买什么东西。（We are going to the supermarket. What shall we buy?）

b. 教师指着广告上的食物说"Look!（Ice cream!）I like ice cream. I want to buy some ice cream."。将冰淇淋的图片剪下来放在白板上，问他们是否喜欢冰淇淋。（Do you like ice cream?）

c. 用以上方式和幼儿讨论大家喜欢的食物，将这些图片一一剪下来，并放在白板上，告诉全班，这些就是我们去超市想要买的东西。

② 词汇准备：复习、学习各种食物的英语名称。利用食物闪卡、食品包装盒并通过游戏等形式，复习、学习各种食物的英语名称。

③ 句型准备：学习表达自己想要购买什么（I want to buy some …）。利用食物闪卡、食品包装盒并通过操练、游戏等形式，练习说"I want to buy some(milk)."。

（2）任务中阶段

① 问幼儿，如果教师带你们去超市，你们想要购买哪些食物？（We are going to the supermarket. What do you want to buy?）

② 展示事先收集的超市或大卖场广告，指着其中一些图片，告诉幼儿自己想买的食物。（Look! They have ice cream. I want to buy some ice cream. Do you want to buy some ice cream? What do you like to buy?）

③ 发给幼儿每人一张纸，请大家制作自己的购物单。可以浏览广告，剪下自己要买的图片，然后贴在纸上；也可以画出自己想要买的东西。

④ 让幼儿用英语介绍他们的作品，并将作品贴在公布栏让大家欣赏。

（3）任务后阶段

课后任务：比较教师和幼儿制作的购物单上要买的食物有什么异同。（如：I want to buy some ice cream. You want to buy some bread.）

> **小贴士**
>
> 幼儿在选择食物图片时，很可能会选一些自己不会说的食物。可视幼儿的英语水平补充一些词汇。英语食物有可数的也有不可数的。句型 I want to buy some ＿＿＿．可加可数或不可数名词。教师不必跟幼儿解释这两种名词在语法上的不同用法，但是在运用时必须做正确的示范，让幼儿逐渐熟悉正确的用法。

分析：本案例要求幼儿制作购物清单并介绍自己想要买的食物。这对于幼儿来说，完成任务的目的就是制作购物清单并介绍清单上的食物,这显然是任务的结果,但并非教学目的。本课的教学目的是实现幼儿能熟练用英语表达自己想要购买什么这一基本的技能目标。因此,在任务中阶段"制作购物清单"时,需要关注幼儿是否能在制作清单的同时,能运用英语恰当表达,而不只是关注孩子是否能将清单制作出来。

配合购物主题,幼儿下一次上课时将"持清单购物"。本案例是为了下一次的"购物"任务做准备。因此,也可将本次课视为"购物"任务的任务前阶段。所以,任务教学可能是单元任务而不仅仅是课时任务,也就是说一节课可能只属于某一单元任务的其中一个阶段,如准备或完成阶段。

任务教学并不排斥其他教学方法,在任务准备阶段和任务后阶段可以有 TPR 活动、操练活动、游戏活动等。

活动 2　展示自制交通工具

活动目标:配合交通工具主题,活动目标有:①利用废纸盒制作交通工具;②用简单的英语展示自己的作品(Look at my car. It's…);③复习、学习交通工具的英语名称。

教学准备:各种交通工具闪卡(bike,bus,car,scooter,truck,taxi 等)。事先通知家长,让幼儿带两三个空纸盒到学校,并准备好胶带、剪刀、胶水、蜡笔或彩色笔等。

适合年龄:小班。

活动过程如下。

(1) 任务前阶段

① 词汇准备:复习、学习各种交通工具的英语名称。

a. 播放 The Wheels on the Bus 的歌谣,教师带着幼儿边唱边做动作。

b. 教师拿出"car"的闪卡,问幼儿车子有没有轮子。例如,Does the car have wheels? 并带着幼儿将歌词中的"bus"改成"car"。

c. 以此方式继续复习其他交通工具(如 bike,scooter 等)。为了增加练习的乐趣,可以提醒幼儿不同交通工具的轮子大小和转动的速度也会不一样,因此在做动作时,要注意轮子的大小和转动的快慢。

d. 请幼儿想一想,还有什么交通工具也有轮子。如果幼儿提到出租车和卡车,教师可以拿出闪卡,顺便介绍这两个新单词。

② 句型准备:学习表达。

a. 教师将"Look at my ＿＿＿."的句型写在白板上。

b. 将交通工具的闪卡一一放在句型的空格中,带幼儿练习说"Look at my(taxi).”。

c. 请幼儿拿出自己的幼儿识字图卡放在桌上,教师展示"taxi"的闪卡,请幼儿找到相同的识字图卡,并将图卡举高,然后跟教师一起说"Look at my taxi."。

d. 放入其他交通工具并以此方式反复练习。

③ 方法准备:制作废纸盒交通工具。

a. 教师拿出一个空纸盒,问幼儿这个空纸盒的形状像什么交通工具。如果要将纸盒做成幼儿所说的交通工具需要加什么东西。(What vehicle does it look like? Is it a car? Do you know how to make a car? What should we add to the box to make a car? What does a car have? A car has wheels. How do we make a wheel?)

b. 剪下一些圆圈当轮子,将盒子挖开一角当门。

c. 向幼儿展示这个小汽车。(Look at my truck. It's red. It's big. It has four wheels. It runs fast. Didi…)

(2) 任务中阶段

① 幼儿用自己带来的盒子制作小汽车,在制作过程中,教师需帮助小朋友剪一些圆圈做轮子或挖开车门。

② 待完成制作后,让幼儿分享彼此的作品,并用英语介绍自己的作品。

③ 配合交通主题,将幼儿做的交通工具合理摆放在区角中供小朋友们欣赏。

如果时间不够,无法让幼儿在课堂上做交通工具,可以询问其他幼教老师,是否有时间带幼儿做,或是请幼儿带自己的玩具车子或收集的交通工具的图片,来课堂上展示给全班看。只要能激发幼儿的学习兴趣、制造学习情境,能使幼儿使用简单英语展示自己的交通工具(Look at my car. It's…),就可以达到教学目标。

分析:本案例没有按照任务前、任务中和任务后阶段的教学程序来设计,这在任务教学中是常见的。在真实运用任务教学程序中,并不是所有阶段都是必需的。根据实际教学需要,有时会省略掉任务前或任务后阶段,但任务中阶段是任务教学的核心,是不可或缺的。

活动3　数虫虫

活动目标:配合小小动物相关主题,活动目标有:①探索大自然生态并计数;②用英语说明数量(There are 6 ants.);③复习、学习虫虫的英语名称。

教学准备:各种小小动物闪卡(ant,caterpillar,ladybug,spider,worm,dragonfly,butterfly,fly,bee 等);幼儿用家庭小识字图卡;$1m^2$ 的木框、竹框或纸框。

适合年龄:大班。

活动过程如下。

(1) 任务前阶段

① 词汇准备:ant,caterpillar,ladybug,spider,worm,dragonfly,butterfly,fly,bee 等。

a. 播放儿歌 Out in the Garden,带幼儿边唱边做动作。

b. 请幼儿想想花园里有哪些东西。(What can you find in a garden? You can find trees and flowers in a garden. What else can you find in a garden? You can also find bees in a garden. You can find ants in a garden.)

c. 教师拿出闪卡,边读边请幼儿根据虫虫的特征设计一个动作。师生一起重复读并做动作。

d. 教师说单词,幼儿仔细听,然后做相应动作。

e. 教师做动作,幼儿仔细看,然后说出相应单词。

② 句型准备:学习表达"There are ＿＿＿＿."

a. 幼儿扮演昆虫,教师说"There are three ants.",然后,找 3 名幼儿上前来表演蚂蚁爬一爬。教师说"There are four ladybugs.",然后,找 4 名幼儿上前来表演瓢虫爬一爬。

b. 教师在白板上写上"There are ＿＿ ants."的句型。

c. 请幼儿闭上眼睛,教师在黑板上画上小蚂蚁,待画好后,请幼儿睁开眼睛,大家一起找蚂蚁、数蚂蚁。也可请几位幼儿来画蚂蚁,增加幼儿的参与感。

d. 教师问"How many ants are there?"并指向白板上提示引导幼儿用"There are four ants."回答。

e. 视幼儿熟练程度换其他昆虫来操练。

③ 方法准备:数虫虫。

a. 请幼儿把教室地板当成花园,将幼儿用小识字图卡散放在"花园"里。(Look, here is our garden now. I'll put some insects in the garden.)

b. 提问"What do you see in the garden?""How many ＿＿ are there?"等。

c. 教师将昆虫数量记录在黑板上。

There are 6 ＿ in the garden.

There are 5 ＿ in the garden.

There are 5 ＿ in the garden.

d. 教师和幼儿一同将统计结果进行总结。"There are 6 ants, 5 butterflies, 5 ladybugs in the garden."

(2) 任务中阶段

① 教师带幼儿到花园观察虫虫,把木框放在绿地上,4 人一组观察框中的小动物。

② 教师计时,让幼儿将他们一分钟内观察到的虫虫记录在表中并标出其数量。记录表上没有的虫虫画出来,记录表内容如下:

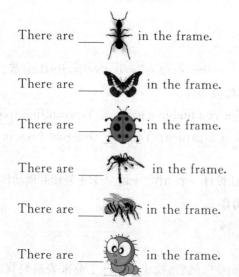

There are ＿＿ in the frame.

There are ＿＿ in the frame.

There are ＿＿ in the frame.

There are ＿＿ in the frame.

There are ＿＿ in the frame.

There are ＿＿ in the frame.

③ 一分钟后,回教室幼儿们用英语汇报观察结果。

(3) 任务后阶段

齐唱儿歌 How many?。

How many are there?

There are four.

How many are there?

There are five.

How many are there?

There are six.

There are six butterflies.

Yoo-hoo! 1,2,3.

Yoo-hoo! 4,5,6.

Yoo-hoo! 7,8,9.

There are nine butterflies.

由于注意力和观察力的不同,同一块地上幼儿可能观察到不同种类和数量的昆虫。在幼儿观察、记录的昆虫中,有些教师也不认识,可暂时用"unknown insects"来替代。如果班内幼儿较多,本课中的任务中部分任务可以留在课后完成,由家长带着幼儿观察自家附近花园或绿地,下次上课的时候,幼儿作汇报。

4. 任务教学法的优点

(1) 任务教学法是交际法的发展。任务教学法不但继承了交际语言教学的基本理念,而且具有交际教学的优点,同时又以任务为中心把交际语言教学推进到一个新阶段。

(2) 任务教学强调教学过程,力图让幼儿通过完成真实生活任务而参与学习过程,从而使幼儿形成交际语言能力。任务教学克服了传统语言教学从语言本身出发,不重视过程的不足。根据克拉申的输入假设(the input of hypothesis),学习者是通过理解语言信息或是接受可理解的语言输入而不经意地习得第二语言的。而任务的作用就是给孩子提供了目标语输入的语境,使这些输入成为可理解的语言输入,从而促进学习者第二语言的学习。

(3) 任务教学强调以真实生活任务为教学中心活动,修正了传统语言教学中存在的真实性不足,与真实生活任务缺乏联系的问题。

(4) 任务教学在强调培养幼儿语言运用能力的同时,强调语言知识教学,倡导以语言运用能力为目标的教学。不少学者认为第二语言学习者需要从整体上关注语言形式,而非在具体的某一点上关注语言形式,而任务则可以为呈现适当的目标语样本提供载体,并让学习者在完成任务的过程中关注伴随出现的语言形式问题。

(5) 任务教学从更广泛的层面强调培养幼儿综合运用语言的能力。

【实训任务】

(1) 观摩幼儿园英语任务教学,记录教学活动并对活动进行评价。

(2) 在学前实训室中进行模拟教学实践。4~5人一组,组员分工合作共同完成确定的相关教学目标,选择适当的教学内容,选取适当丰富的教学方法,准备多样的教学组织形式等过程。每组安排一个或几个幼儿将设计好的活动或教学活动在虚拟幼儿园教育、教学活动场景中演示出来。全班同学一同观看,之后是讨论环节,分组进行,讨论后每组派一位代表对活动进行评价。主要评价两个方面的内容:一是对"精彩部分"给予肯定;二是指出活动中出现的"弊端"。在评价过程中,既有活动内容的表述,也有根据活动内容进行理性的升华。最后是教师总结。

第四节 游 戏 法

第五章第四节课件

学习目标

(1) 了解幼儿英语游戏活动的特点及分类。

(2) 了解幼儿英语游戏活动的结构。

(3) 掌握幼儿英语游戏活动设计与实施的基本方法。

(4) 能够独立进行幼儿英语游戏教学并对幼儿英语游戏活动进行评价。

技能要求

(1) 能够设计与实施幼儿英语游戏活动。

(2) 能够对幼儿英语游戏活动进行评价。

思考与讨论

通过网络或书籍找到10个幼儿英语游戏,试玩这些游戏,并讨论幼儿英语课堂游戏有哪些特点。

一、认识幼儿英语游戏活动

幼儿园英语学习活动的游戏化是由幼儿的年龄特点和学习特点所决定的。喜欢做游戏是幼儿的本性,是幼儿身心发展的需要,也是幼儿的自然活动。《幼儿园教育指导纲要(试行)》(2001)明确规定了游戏在我国幼儿教育中的地位,"幼儿园教育应尊重幼儿的人格和权利,尊重幼儿身心发展规律和学习特点,以游戏活动为基本活动,保教并重,关注个别差异,促进每个幼儿富有个性的发展。"幼儿英语讲授的首要目的是培养幼儿的兴趣,而游戏又是培养幼儿兴趣的有效手段,幼儿园英语教学应遵循以游戏活动为主的方式,构建以幼儿的主体性活动为特征的幼儿园教育活动体系,培养、发展幼儿的主体性,创造与幼儿年龄特点相符合的各种形式的幼儿英语游戏活动。

幼儿英语游戏体现了4个方面的特点。

首先,它是游戏。游戏是为了寻求快乐而自愿参加的一种活动。判断一种活动是不是游戏的标准如下:它能否激发幼儿积极主动地、快乐地去活动。如果一种活动使幼儿感到开心、好玩,那么这种活动就是游戏。之所以作这一界定,是为了区分哪一种是教学活动,哪一种是游戏活动。其他几种认识,如游戏是幼儿自愿的活动,是感兴趣、愉快的活动,是虚构与现实的统一等。这些有关游戏特点的描述给人们开展幼儿英语游戏活动提供了一种框架,即人们在开展英语游戏时,不必刻意去界定它,只要它具有以上几个特点,只要它是幼儿主动自愿的活动,它就是游戏。

其次,它是幼儿游戏,即教师要把握幼儿的心理、生理特征来开展游戏。

再次,它是教学游戏。教学游戏不同于生活游戏之处在于教学游戏具有明确的教学目的。也就是说,通过游戏掌握目标知识,获得目标技能。因此,人们应该以教学目的为中心来选择、设计游戏。

最后,它是外语语言游戏。因此,应将幼儿体育游戏、幼儿数学游戏、幼儿科学游戏、幼儿母语游戏和幼儿英语游戏区别开来。

综上所述,幼儿英语教学游戏是教师在英语教学活动中,针对具体教学目标,结合特定教学内容,遵循某种游戏规则,采取有趣好玩的活动形式,组织幼儿进行语言操练或交际活动的一种教学形式。

二、幼儿英语游戏活动的分类

游戏教学在英语教学活动中应用广泛。从不同的维度可将幼儿英语游戏分为许多种类。

1. 按游戏内容分类

按照游戏内容分类,幼儿英语游戏可分为字母类游戏、词汇类游戏和句型类游戏。

(1) 字母类游戏

字母类游戏,顾名思义是指帮助幼儿学习或复习英文字母认读和发音的游戏。语音类游戏是训练幼儿辨音和发音的游戏,在幼儿阶段,语音游戏比较简单。它不侧重元音、辅音的刻意区分。

(2) 词汇类游戏

词汇游戏包括名词、动词、介词、形容词等游戏。例如,幼儿学习了 ear,eye,mouth,nose 等名词,就可以做"Touching Game"这个游戏;教动词的游戏如"Simon says";介词也不难教，教的时候要注意直观性，如教 on，in，under 等介词时，可以让小朋友做"I say and you do"的游戏。教师说"Put the book on your head.""Put the book in your desk.""Put the book under your chair.",幼儿做相应动作。形容词可通过动作、表情、手势等让幼儿很容易地理解这些词的意思。

（3）句型类游戏

句型类游戏主要体现语言的结构。主要目的不是让幼儿学习语法知识，而是使他们的语言表达更规范。例如，上车和下车游戏可以使幼儿掌握"Get on the bus.""I'm going to…"等句型。

2. 按语言技能分类

幼儿阶段英语教学主要包括听的游戏（输入型游戏）、说的游戏（输出型游戏）及听说游戏（混合型游戏），如 TPR 游戏多属听的游戏。

3. 按游戏规则的内隐外显来分类

（1）创造性游戏，包括角色游戏、结构游戏和表演游戏。

① 角色游戏。角色游戏是幼儿根据自己的兴趣和愿望，通过模仿、想象和角色扮演，创造性地反映自己现实生活经验的游戏。在角色游戏中，幼儿用英语进行角色间的交往，练习所扮演角色使用的语言，能很好地促进英语口语能力发展。角色游戏侧重于角色扮演及其情节的社会性。

② 结构游戏。结构游戏侧重于对认知过程的操作或建构。如游戏"Old wolf, old wolf, what time is it?"（老狼，老狼，几点了?）由一位幼儿扮演老狼，其他幼儿是小羊，小羊反复问："Old wolf, old wolf, what time is it?"老狼答："It's one o'clock.""It's two o'clock."……当老狼说"It's dinner time.",所有小羊要马上逃跑，被抓的小羊成为下一轮游戏的老狼。

③ 表演游戏。表演游戏以儿歌、童话、故事作为表演内容，侧重于形象塑造和戏剧性表演方式。这种表演活动是幼儿英语输出的重要形式，使幼儿掌握英语知识，并熟练运用。

（2）规则游戏，包括音乐游戏、智力游戏、体育游戏等。

① 音乐游戏。音乐游戏是发展幼儿听觉，掌握一定的发音技能和增强身体协调动作的游戏。此类游戏加入音乐、节奏、舞蹈等元素，幼儿能在感受美的同时理解和运用英语，也提高了游戏的趣味性。

② 智力游戏。智力游戏是以智力活动为基础的有规则的游戏，它与数学游戏、常识游戏的教学游戏密切相关。此类游戏通过调动幼儿的多种感官，激发幼儿活跃的思维，幼儿通过观察、记忆、比较、思考等方式完成游戏，提高了游戏的挑战性，暗示幼儿其中的英语知识和技能，帮助幼儿在无意中练习使用语言。

③ 体育游戏。体育游戏是根据一定的体育任务设计，由一定动作、情节、角色和规则组成的身体训练游戏。将英语学习与体育活动结合起来设计英语教学游戏是幼儿们喜欢的游戏形式，如数数版丢手绢游戏。幼儿围成圈，坐在操场上。一位幼儿边数数，边围着圈转，每数一个数就用手轻拍小朋友肩一下。当他（故意）数错时，拍到的小朋友站起来追她，追到

了,这位幼儿需继续数数,没被追到则换追赶的幼儿数数。

事实上,纯粹的单一种类的游戏很少,大多是综合的。一个游戏可能既是语音游戏,又是词汇游戏或者既是音乐游戏,又是体育游戏。对于游戏的分类,有助于教师把握不同游戏的本质区别,从而更深刻地理解游戏,以便于幼儿英语游戏教学的实施。

> **思考与讨论**
>
> 通过网络或书籍找到的 10 个幼儿英语游戏并分析它们属于哪类游戏。哪些是字母类游戏、词汇类游戏或句型类游戏?哪些是听的游戏(输入型游戏)、说的游戏(输出型游戏)或听说游戏(混合型游戏)?哪些是角色游戏、结构游戏、表演游戏或者音乐游戏、智力游戏、体育游戏?

三、幼儿英语教学游戏活动的结构与设计

1. 幼儿英语教学游戏活动的结构

游戏由游戏任务、游戏信号物、游戏行为和游戏规则有机构成。在设计幼儿英语教学游戏活动时,应考虑以下 4 项内容。

(1) 游戏任务

教学游戏中的教学任务是由教育和教学目的决定的。具体地说,在拟定教学游戏的教学任务时,要注意以下 3 个方面。

① 当拟定教学任务时,必须弄清楚通过这一游戏需要幼儿掌握和巩固哪些知识与技能,发展哪些个性品质。例如,"Job actor"(幼儿听到某种职业名称,做出这种职业相应的表演,如当听到"doctor"时,做出用听诊器听的动作;当听到"police"时,做出指挥交通的动作等)。游戏可以这样提出教学任务:巩固幼儿对各类职业的单词发音的认识,训练幼儿的听力理解能力,以便幼儿由大量的听过渡到说。认识各类职业特征,培养幼儿的观察力和肢体表达能力。明确教学任务,以便于教师对游戏进行组织和指导。

② 教学需要有侧重点。诚然,每个游戏都可以同时提出几方面任务,但在具体实施时,重点应落在学习或巩固英语语言知识或发展英语语言技能上。

③ 教学任务应通过隐蔽的游戏方式提出。在教学游戏中,提出教学任务的方式与作业有很大不同。在作业中,教学任务是由教师向幼儿直接提出的;而在教学游戏中,教学任务是蕴含在游戏活动中的。例如,在"Warm and Cold"这一游戏中,教学任务是要让幼儿通过重复记忆单词的语音和语义。而这一任务是通过幼儿帮助其他小朋友找东西来体现的。由此可见,这里的教学任务具有一种隐蔽的性质,使游戏中的教学任务成为幼儿本身的游戏任务,学习活动与游戏兴趣活动融合在一起。这也正是英语教学游戏能够激发幼儿兴趣、提高幼儿的积极性,从而保证他们更好地掌握知识的奥秘所在。

英语游戏任务与任务教学法中的任务有所不同。任务教学法是交际法的发展,其任务是具有交际特征的。而英语游戏任务只是一个活动计划(work plan),有明确的目的即可,这个任务不要求具备任务教学法中任务的六大关键特征。

(2) 游戏信号物

游戏信号物是在游戏过程中用于传递、表达信息的载体,它将教学内容具体化、象征化、模拟化和交际化。各种游戏材料及语言、动作、场景等都是传递、表达信息的信号物。

教师在设计游戏信号物时,应考虑信号物的可行性和操作性。信号物和教学内容是自然的、生动的、有机统一的,而不是简单的黏附。例如,让幼儿带上桌子、椅子等,教授"You have a table. I have a chair."显然不合适。因此,教师不应背离游戏的宗旨来设计游戏,不能为游戏而游戏,这样不仅无趣、不好玩儿,还会挫伤幼儿学习的积极性。

(3) 游戏行为

游戏行为是游戏参与者为了完成游戏任务,按照一定游戏规则进行的活动。这一行为必须具有真正的游戏性质,能够创造游戏的情景和游戏的相互关系,如寻找和发现、出谜和猜谜、躲藏、竞赛、扮演某一个角色等,都属于游戏行为。教学游戏中的游戏行为是吸引幼儿注意力的重要因素,游戏行为越丰富,幼儿在完成教学任务时的注意力就越稳定。因此,为了提高幼儿在游戏中的积极性,教师在组织教学游戏时,应当尽量丰富游戏行为,避免单调和刻板。

例如,在"I say, you do"的游戏中,按照传统玩法,就是教师说英文,幼儿按照教师所说做动作。这样的游戏,幼儿玩多了积极性往往不高。但是如果教师换一种玩法,丰富其游戏行为,就可以明显提高幼儿的兴趣。如教师引入竞争机制,做错的幼儿要退出游戏做观众,最后剩下的幼儿为胜利者;教师还可以找幼儿上来,根据手中的图片(图片不能让其他幼儿看到)发出指令,下面的幼儿按照指令做动作,再把图片展示给全体幼儿;又或者在幼儿对于指令比较熟悉时,可以让他们做反向动作,教师说"Sit down!",幼儿站起,教师说"Stand up!",幼儿坐下等。

(4) 游戏规则

游戏规则的主要目的是控制幼儿在游戏中的动作和行为,它规定了幼儿在游戏中哪些行为是允许的,哪些行为是不允许的,并赋予游戏趣味性和紧张性。因此,游戏规则是教师在教学游戏中控制幼儿认识活动和游戏活动的主要武器。教师正是通过游戏规则来引导游戏朝既定的方向发展,通过游戏规则把教学任务有机地结合起来。如果没有游戏规则,游戏的行为就是盲目的、杂乱的,教学任务也就难以完成。许多研究表明,游戏规则在培养幼儿的坚强意志、良好的道德行为和自我评价能力方面具有重要意义,它是教学游戏中必不可少的一个成分。

2. 根据游戏结构，教师在设计幼儿英语游戏时应该考虑的内容

（1）游戏任务

应考虑游戏的教学目的是什么，是否能体现章节的教育、教学目标。具体来讲在游戏中幼儿应掌握什么语言知识、培养哪些语言能力，涉及哪些其他的与主题相关的知识、能力，涉及的具体词汇、句型有哪些等。

（2）游戏信号物

应考虑要用到哪些游戏材料、哪些教学手段。

（3）游戏行为

应该在哪个教学环节使用某个游戏？游戏的先后次序怎样安排才符合孩子的认知和第二语言习得规律？活动的最佳时机是什么？

（4）游戏规则

游戏的组织形式是什么？要制订哪些规则？是悄悄地，还是大声地？是否有时间限制？如何表演？是否竞赛？竞赛规则是什么？

此外，特别重要的是教师在设计游戏时，应考虑游戏对象，包括幼儿的年龄特点、兴趣爱好、认知能力及目前的英语水平等因素。如果选择的游戏不符合幼儿的年龄特点，幼儿就会失去游戏兴趣。以英语智力游戏为例，在小班，应以更多教具激发他们的兴趣；中班幼儿不适合规则太多的智力游戏；而大班幼儿则可独立进行英语智力游戏并遵守规则。又如，竞赛性强的游戏适合在大班进行，而小班更适合集体游戏。

幼儿英语游戏种类繁多，并且需要不断创新。教师应定期把游戏资料进行归纳整理。教师可采用游戏卡来搜集、整理游戏。游戏卡记录的主要内容包括游戏名称、幼儿程度、信号物、游戏任务、过程简介和教师心得等。

四、游戏教学的实施

1. 课前准备

（1）熟悉游戏的玩法及规则

当设计游戏规则时，教师应先熟悉游戏的玩法和规则并且反复试玩儿几次，验证游戏的玩法和规则是否合理。若不合理，应及时加以改进，为指导幼儿游戏打下基础。

（2）准备场地和材料

根据游戏设计确定游戏场地，应确保场地尽可能宽敞。准备好游戏材料，使材料尽可能完备，以减少幼儿等待时间。

2. 课上实施

（1）游戏准备活动

① 设置游戏情境。教师用与游戏相关的物品、动作、语言等创设游戏情境，引导幼儿感受活动氛围，引发幼儿参与游戏的积极性。

② 分组。有些游戏需要分组进行，因此在活动开始前教师需要编组。教师可采用以下有趣的方法进行分组。

a. 剪刀手。教师用手做出用剪刀把全班剪开成几组的样子（见图5-2），同时说"Cut, cut, cut, cut. You are group one.""Cut, cut, cut, cut. You are group two."。

图 5-2　剪刀手势

b. 抓缎带。教师手中抓住一把缎带的中间段，每位幼儿抓住缎带的一端，教师松手后，抓住同一根带子两端的幼儿就成为一组。

c. 报号码。教师引导幼儿循环报数，幼儿报出的最大数字即为按需要分的组数。如将全部幼儿分成5组，幼儿就报"one, two, three, four, five"，之后第6个孩子再从one开始报数。报出相同数字的幼儿就分到一组。

d. 卡片法。制作两套同样的卡片，把两套卡片发给幼儿，拿到同样卡片的幼儿分成一组。需要每组几个人就制作几套卡片。

e. 随机分组。播放音乐，教师说"three"，每3位小朋友迅速组成一组。教师可根据需要要求幼儿组成不同人数的组。

f. 摸名字。将幼儿的名字放到盒子中，教师同时摸出几个幼儿的名字，同时被摸到名字的幼儿结成一组。

（2）说明游戏规则

> **思考与讨论**
>
> 评价下面一段游戏规则的说明。
>
> 小朋友们，我们刚刚讲完句型，现在我们来做一项活动，每组的第一位小朋友到我这里来，我告诉你们一句话，然后你们回去传给下一位小朋友；第二位小朋友再往下传。咱们看看哪个组传得速度最快，准确率最高……

上述这段话作为"传悄悄话"游戏的规则说明，其中存在以下问题：使用了太多成人化语言；使用了很长的句子；语言不够生动；一次性说的内容太多；全部使用汉语等。

如何恰当地呈现游戏规则对于新手教师来说是一个难点。如何能将游戏规则简洁明确地说明呢？

① 即使在小班的课堂上，也应尽量采用英语来讲述规则。但应注意的是，应采用简单的单词、短语或短句进行表达，并且在表达的同时配合相应的表情、肢体语言或情境来辅助

孩子们的理解。

② 在游戏时，经常使用某些特定的短句，很快孩子们便可以很好地理解这些句子。如"Let's play a game.""Stand in a circle.""I'll divide you into severhl groups."。如果你的英语不够好，应在课前将游戏规则写出并多加练习。

③ 不要找借口过多使用母语，因为即使是最简单的语言，在适宜的情境下，也可表达出十分明确的意义。

如何做到运用最简单的语言表达十分明确的意义呢？

① 提前准备好游戏规则。

a. 当游戏规则写好后，检查一下是否做到只用简单短句表述。

b. 是否每句话中只包含一个明确的意思或只传递一层明确的信息。

c. 每句话间的前后顺序是否符合逻辑，是否得当。

d. 如果是显而易见的事情就不需再用语言说明。

e. 恰当的演示比说明更有效。

f. 对于步骤较多的游戏，每做完一步再说下一步的规则，不必一次都说完。如果游戏规则一次讲得太多，即使使用母语，孩子们也难以听懂。

如果上述这段话作为"传悄悄话"游戏的规则进行讲解，应该怎样讲解呢？

Now, let's play a game（伴随惯例性质的手势语说明游戏开始了）. I have a big knife. Kakaka...（教师用手臂作刀子，将全班小朋友"切"成两组）You are Group One.（教师指示其中一组幼儿。）You are Group Two.（教师指示另一组幼儿。）Tom and Mary come here.（将每组第一位幼儿叫到前面悄悄告诉两个幼儿一句话，如"I have a cat."。）You tell her. And you tell him...（在班里其他幼儿正好奇时，教师将食指竖起来放在嘴前小声地，并且逐个指着组里的幼儿说。）You run to the front and tell us the sentence.（到最后一位幼儿时说，边说边做跑到前面的动作。）

在游戏中每组幼儿以6~8位为宜，如果班里孩子较多，可以多分几组。如果可能，在第一次做传话游戏时，可以找两位教师做助教，充当第一位小朋友。

当设计好游戏规则后，反复演练几次。可以将语言录下来，自己听一下，诊断自己的语言是否恰当。还可以演练给同事看，让他们提出一些建议。

② 课堂上对游戏规则的说明。

a. 在说明游戏规则前，先保证幼儿的注意力集中在教师这里，并尽量和每个幼儿都有目光交流、语言清晰、语速适中。

b. 当规则说明后，不要想当然地认为幼儿应该懂，而应适当检查一下幼儿们是否听懂。

③ 对于刚接触英语的幼儿，可采取"先英语说明，后汉语解释"的办法讲述规则，并逐渐过渡到完全使用英语。

④ 对于过程比较复杂的游戏要采取讲解、教师演示和部分幼儿示范相结合的办法。

(3) 游戏过程控制

教师应对游戏过程进行监控，并随时根据游戏现场情况对游戏布局和进度进行调整。

在游戏过程中,教师的角色应该是观察者,放手让幼儿参加活动。在幼儿自主活动时,教师还应注意对个别有需要的幼儿进行指导。对于遇到困难的孩子,教师应适时、适度地给予提示或帮助,及时处理游戏中出现的问题或矛盾,并不时地鼓励幼儿,如用语言或动作示意幼儿全心地、快乐地投入到游戏活动中去。

(4) 评价游戏活动

在游戏结束后,教师应对获胜者予以奖励,对参与者进行鼓励,并指出优点、发现不足、明确努力的方向。教师还可以强调游戏中包含的语音、词汇、语法或交际内容,努力将教学信息迁移到幼儿的内部认知领域。

五、幼儿英语游戏活动举例

1. 教字母的游戏举例

幼儿英语游戏教学范例

(1) 接龙

游戏目的:培养幼儿听说字母的能力,从而达到记忆字母的目的。

游戏类型:智力游戏。

游戏的具体操作:教师教授完本堂课的字母后,马上进入游戏状态(以 A、B、C、D、E 为例)。

(T—Teacher)

T:Now,Group One,please say after me! A…(clap your hands)

…Group 2,B

…Group 3,C

…Group 4,D

…Group 1,E

…Group 2,A

教师拍手,第一组读 A,第二组读 B,4 个组读完了,然后再从第一组开始接着读。通过一遍的带读,教师拍手的速度越来越快,幼儿说的速度越来越快,最好是教师和幼儿一起说;最好的状态是教师带读,慢慢地放手让幼儿参与到游戏中,中间不能接上来的组就被淘汰,最后剩下的组则为胜利组。

注意事项:

① 在游戏中,一定要有一个做带读的过程,从而逐步让幼儿进入游戏状态。

② 教师拍手的速度由慢到快,同时教师的表情一定要夸张,从而让幼儿处于游戏的兴奋状态。

③ 对于中小班幼儿可以去掉游戏中的比赛部分。

(2) 抢读字母

游戏目的:培养幼儿认读字母的能力以及一定的英语思维、反应能力。

游戏类型:智力游戏。

游戏准备:字母卡片。

游戏的具体操作：当完成字母的教授后，以教授 A、B、C、D 为例。

(T—Teacher;S—Students)

T：Now,boys and girls,please look at me. I will show you the cards. Could you guess what is this? （教师的话语要具有煽动性，让幼儿们进入一种激动的状态，从而让他们全身心地投入游戏中。）

S：OK！

教师将卡片藏在桌子下面或藏在自己的背后，开始的时候，一张一张地展示。

① 教师展示图片"A"。

S：A.（幼儿们抢读字母 A）

② 教师展示图片"B"。

S：B.（幼儿们抢读字母 B）

③ 教师展示图片"C"。

S：C.（幼儿们抢读字母 C）

④ 教师展示图片"D"。

S：D.（幼儿们抢读字母 D）

突然，教师的神态变得非常的神秘（用一种神秘的眼神扫射全班，把幼儿们的心吊到嗓子眼为最佳），有时候为了调节气氛，教师假装让个别幼儿看到，同时给予一个调皮的微笑，幼儿们将更加喜欢。

(3) 听音辨字母（见图 5-3）

游戏目的：培养幼儿听辨字母的能力。

游戏类型：智力游戏。

游戏准备：字母 3～5 套，根据教师发音，拾起地上相应的字母。

(T—Teacher;C—Children)

T：Now,give me A.

图 5-3　听音辨字母游戏图

C：A.（拾起字母 A 交给老师）

T：Now,give me B.

C：B.（拾起字母 B 交给老师）

(4) 哪个字母消失了

游戏目的：培养幼儿辨认、记忆字母的能力。

游戏类型：输出型游戏。

游戏的具体操作：出示 3~5 个字母,当幼儿闭上眼睛后,快速取走其中的一个字母,让幼儿睁开眼睛。判断哪个字母消失了。

最重要的一点是,教师在调节游戏的时候,除了要注意语言外,还要在不经意的时候,不是去掉字母,而是加上字母；甚至有的时候,一个字母都不去掉,但还是叫幼儿睁开眼睛。当幼儿焦急地寻找那失去的字母时或当有的幼儿在胡乱瞎猜时,自己以及听课者也会忍俊不禁地一笑,这才是这个游戏真正的趣味性所在。

（T—Teachers；C—Children）

T：Boys and girls,close your eyes!（目光扫视全班,利用动作和语言让没闭眼的幼儿闭上眼睛,之后迅速拿走一个字母。）

T：Which letter is missing?

C：A.

游戏后教师应对答对的幼儿口头奖励,并对积极回答的幼儿进行鼓励。

(5) 听音摘字母游戏

游戏目的：训练儿童听辨字母的能力。

游戏类型：体育游戏。

游戏准备：分别写有大写、小写字母的两组卡片。

游戏的具体操作：在教室墙面、黑板上挂上苹果字母,当听到教师读音后,幼儿快速跑到树下摘到正确字母者为胜,可以让 3~5 个幼儿同时摘字母,并准备 3~5 个正确字母。以 A、B、C、D 为例,教授或复习字母的游戏。当教授完 A、B、C、D 后,在教室墙面、黑板上挂上分别写有这 4 个大小写字母的苹果卡片。

（T—Teacher）

T：Boys and girls,we will play a game!

当教师说"Big A. Ready? Go!"后,看哪组的幼儿最先抢到 A。当教师说"Little B."时,看哪个组的幼儿能够摘到。如果教师没有说"Ready? Go!",则幼儿不许跑。然后教师说："Are you clear? …Good. Game begins! Who wants to try?"(Choose 5 students to play. 不说"Ready? Go!",不准跑也是为了增加紧张的情绪,从而让幼儿全身心地投入游戏中去。)

T：Big …A. Ready? Go!

T：Good.

T：Little B! …Ready? Go!

T：Very good!

教师在组织这个游戏的时候,最主要的是通过语言和动作来调节幼儿的情绪,从而让幼儿全身心地投入游戏中去,享受学习的快乐!

(6) 找字母

游戏目的:训练幼儿认读字母的能力。

游戏类型:智力游戏。

游戏准备:绘制暗含字母的图画。

游戏的具体操作:一一出示暗含字母的图画,让幼儿找出这些字母。

(T—Teacher;C—Children)

T:Boys and girls. I have some beautiful pictures. Look carefully, what letters can you see in this picture?(展示图 5-4~图 5-7)

C1:A.(让幼儿到前面指出 A)

C2:D.(让幼儿到前面指出 D)

……

图 5-4 听音摘字母游戏图一

图 5-5 听音摘字母游戏图二

图 5-6 听音摘字母游戏图三

图 5-7 听音摘字母游戏图四

(7) 宾狗(Bingo)

游戏目的:培养幼儿的综合能力。

游戏类型:智力游戏。

游戏准备:准备九格卡和字母卡片(见图 5-8)。

游戏的具体操作:让幼儿任意选取字母卡片分别放在九格卡的九格中,教师每读到卡片上的字母,幼儿就拿掉一个。当幼儿卡片上的空格能连成一条线时,谁就喊"Bingo"。

(8)字母排成小火车(见图5-9)

游戏目的:培养幼儿认读字母的能力。

游戏类型:智力游戏。

游戏准备:准备字母车厢。

将学过的字母写在"车厢"上,让幼儿们把"车厢"按次序排成一列,成为一辆"小火车",既可以集体完成,也可独立完成。

图5-8 九格卡和字母卡片

图5-9 字母排成小火车游戏图

(9)大写找小写

游戏目的:培养幼儿认读字母的能力。

游戏类型:智力游戏。

游戏准备:按班级人数准备大小写字母多套。

按大小字母配对找朋友,找不到朋友的幼儿要"挨罚"。

(T—Teacher)

T:Big A and Small a are friends.(教师手持 A 找到持有 a 的幼儿,握握手。)

T:Big B and Small b are friends.(助教教师手持 B 找到持有 b 的幼儿,握握手。)

T:Let's find our friends.(幼儿们手持字母找朋友。)

注:如何"惩罚"没找到朋友的幼儿呢?①可罚他们一边转一边读手中字母4遍;②可罚他们一边蛙跳一边读手中字母4遍等。

(10)陷阱(见图5-10)

游戏目的:培养幼儿认读字母的能力。

游戏类型:智力游戏。

游戏准备:按班级人数准备大小写字母多套。

教师在带读字母时,在某个字母边放一颗"炸弹",谁要是心不在焉跟读了这个字母就会被炸。

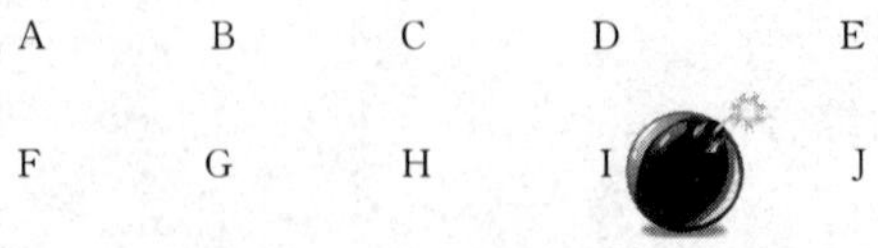

A B C D E

F G H I J

图5-10 陷阱游戏图

(11) 快速反应游戏

游戏目的：培养幼儿认读字母的能力。

游戏类型：智力游戏。

游戏准备：字母闪卡。

教师请小朋友做游戏,老师读字母一遍,幼儿读两遍；老师读两遍,则幼儿读 3 遍；老师读 3 遍,幼儿读一遍。

(12) 指一指,跳一跳

游戏目的：培养幼儿认读字母的能力。

游戏类型：智力游戏。

游戏准备：字母闪卡。

请几位小朋友手持字母卡站在讲台前,教师在其后用手指到哪位小朋友,幼儿们就读那位小朋友手中的字母,同时这位幼儿要跳一跳。跳错的幼儿可选出另一位小朋友继续游戏。

2. 教单词的游戏

(1) 急摸十位

游戏种类：智力游戏。

游戏目的：练习用英语数数,复习学习过的人体器官的英文单词,锻炼幼儿的注意力及快速反应能力。

游戏过程：首先告诉幼儿,当老师说"one"时,小朋友手指头发并讲出"hair"(When I say one, you point to your hair and say hair.)。当老师说"two"时,小朋友手指脸并说出"face"。当老师说"three"时,小朋友手指耳朵并说出"ear"。当老师说"four"时,小朋友手指眼睛并说出"eye"。five—鼻子—nose, six—嘴—mouth, seven—双肩—shoulder, eight—腿—leg, nine—手—hand, ten—脚—foot。经过反复练习,熟练以后可以让一名幼儿来数数,其余幼儿找出相应的器官,讲出英语单词,并且可以抢答。要求幼儿手口一致,教师数数时应由慢至快,并注意幼儿讲的是否正确。

注意事项：根据幼儿的年龄和英语水平可适当减少器官数量。

(2) 看谁算得快

游戏种类：智力游戏。

游戏目的：训练幼儿的快速反应能力,复习巩固一些与数字相关的英语单词,如 1+1=2、加(plus)、减(minus)等。

游戏准备：写有加减法计算题的数字卡片若干。

游戏过程：教师手拿数字卡片用英语出题,让幼儿观察后马上回答得数。然后,用英语把整个算式叙述一遍。为了增加游戏的难度,可以把幼儿分成两组以竞赛的形式进行游戏,最后看哪组取胜。

(T—Teacher；C—Children)

T：What is one and one?

C：Two.

T: One and one is two.

(3) 丢手绢之数数版

游戏种类：智力游戏。

游戏目的：熟悉数字 1~10 的英文表达（或其他数字练习）。

游戏过程：这是一个类似"丢手绢"的游戏，幼儿们围成一圈坐好，由老师先开始做示范。老师在圈外，边从 1 数到 10，边围着圈走。每数一个数字，就轻拍一名幼儿的肩膀。数到 10 后再从 1 开始数。假如某一名幼儿的数字与前一名的数字不连贯，则他/她必须立刻站起来去追老师，并在老师跑到他/她的空位坐下前抓到老师。如果没有抓到，就由他取代老师的位置，重新开始数数，继续游戏。如果捉到了，还是由老师数数，直到老师成功地逃脱一次才换人。

(4) 捉小虾

游戏种类：体育游戏。

游戏目的：培养幼儿的躲闪及反应力，复习英语的数字。

游戏准备：将场地划分好作池塘。

游戏过程：请幼儿站成圆圈作池塘，并用英语编号，双号幼儿为虾，单号幼儿为石头。"石头"必须双手叉腰，"虾"在池塘里游玩。如果圈外的"鱼"进到池塘中，"虾"必须躲在石头后面，不要被"鱼"捉住，且一块"石头"后只能躲一只"虾"。然后，"虾"和"石头"交换角色，进行游戏。

Stand in a circle. Now we are making a pond. Let's count off by ten. Those who count odd numbers are stones. Stones stand in this way.（示范说明。）Those who count even numbers are shrimps. I need a fish, who wants to be a fish?（先由一位教师做鱼。）I'm a fish, I want some shrimps.（另一位教师指导孩子们躲在石头后面。）Hide behind the stones!

(5) 快乐的一天

游戏种类：智力游戏。

游戏目的：通过游戏使幼儿学习几种颜色和小动物的英语单词，从而增加他们学习英语的兴趣。

游戏准备：红、绿、黄色灯牌，方向盘，将墙壁布置成迪士尼乐园；墙上贴小动物卡片、小动物头饰。

游戏过程：教师组织幼儿去迪士尼乐园参观并乘公共汽车，在路上经过交通岗时，教幼儿认识红、黄、绿灯，同时用英语说出灯的颜色。当来到迪士尼乐园后，"饲养员"启发幼儿说出各种小动物的英语名称，如小鸡、蝴蝶、老虎、大象、青蛙等。在参观后，请小动物到幼儿园做客。

We are going to visit Disneyland today. Let's go. Get on the bus. Traffic light. What color is it? Disneyland! Here it is! What animals can you see?

(6) 猜颜色

游戏种类：智力游戏。

游戏目的：练习红、黄、蓝、绿、黑5种颜色的表达。

游戏准备：用这5种颜色的彩纸，做5顶可以戴在手指上的小帽子。可以多准备几套作为给幼儿的奖品。

游戏过程：教师把手背在身后或用物品遮挡，然后任选一种颜色的小帽子戴在手指上，让幼儿猜测其戴的是哪种颜色的小帽子。然后，奖励猜中的幼儿一顶彩色小帽子。

（7）找帽子

游戏种类：智力游戏。

游戏目的：练习红、黄、蓝、绿、黑5种颜色的表达。

游戏道具：彩纸做的红、黄、蓝、绿、黑5种颜色帽子各一顶（也可以是这5种颜色的其他物品，如水果、手偶、文具等）。

游戏过程：把5件不同颜色的物品放成一排。给幼儿几秒钟记住每个颜色物品所放的位置。点一位幼儿上来，蒙住他/她的眼睛，用英语告诉她"Find the blue/…"。幼儿根据自己的记忆，走向相应颜色的物品，并将它拿起。拿对的幼儿得到一个小奖励，拿错的幼儿再试一次，如果还错，就换另一位幼儿。

（8）职业演员

游戏种类：表演游戏。

游戏目的：练习 doctor/driver/policeman/nurse/farmer/teacher 等角色。

游戏过程：幼儿在座位坐成一圈。先由老师上前做示范，做一个动作表示某种职业。然后，让幼儿举手猜他表演的是什么。猜中的幼儿代替老师的位置上前表演，其余幼儿猜，之后每次都由先猜对的幼儿上前表演，下面的幼儿猜。

（9）吹气球

游戏种类：体育游戏。

游戏目的：复习反义词 big—small。

游戏道具：各色气球若干。

游戏过程：请两位幼儿上来，各发一只气球。让他们在规定时间内给气球吹气。每次的两位幼儿最好体型相差比较明显，这样吹出的气球大小也会相应比较明显。时间到，停止吹气球。老师比较两个气球大小，让幼儿用英文指出哪个大、哪个小。使他们对 Big 和 Small 有比较感性的认识。多找几个幼儿做这个练习。发气球的同时还可以复习颜色的词汇。

（10）Warm and Cold

游戏种类：智力游戏。

游戏目的：学习代表某物品的名词。

游戏道具：相关物品。

游戏过程：在教学单词"pen"的时候，可以把一支钢笔事先放在某个幼儿的抽屉中，让其中一个幼儿来找，其他幼儿可以提示帮助齐声朗读"pen"，当寻找者接近目标时，幼儿们的朗读声就变得响亮；当寻找者远离目标时，幼儿们的朗读声就变得越来越弱，直到寻找者找到目标为止。

3. 教句子的游戏

(1) 废墟寻宝

游戏种类：智力游戏。

游戏目标：练习使用句型"Where is the ____"。

准备用具：闪卡。

游戏解析：将闪卡洒落在地上，让幼儿在众多卡片中找出教师指定的闪卡。最快找出所要求闪卡的幼儿获胜，或者找到最多的获胜。

幼儿在争先恐后找卡片时，容易发生碰头等磕碰现象。因此，游戏空间要足够大，且参与人数不能太多。如果教室容量不大可分组进行。

(2) 春天来了

游戏种类：表演游戏。

游戏目标：练习使用句型"I'm ____"。

材料准备：春风、春姑娘、树、草、花、小鸟等头饰。

游戏过程。

教师旁白：春风吹来了。（风上场）

春风说："I'm wind.（回头，招手）Spring is coming."（春姑娘上场）

春姑娘说："I'm spring."（春风和春姑娘开始围绕着树、草、花小跑）

树开始发芽，小草钻出了地面，花儿也长出了花苞。

树说："I'm tree. I'm green！"

小草说："I'm grass. I'm green, too."

教师旁白：花儿也穿上了美丽的衣裳。

一朵花儿说："I'm red flower."

另一朵花儿说："I'm yellow flower."

另一朵花儿说："I'm white flower."

教师旁白：小鸟在窝里，听到了小草、花儿和大树们的谈话，也飞来了。（小鸟上场）

小鸟说："I'm a bird.（小鸟飞来飞去看春天的景色）I like spring."

小草、小花和树一齐喊："Bird, bird."（小鸟飞到了它们跟前）

树说："Let's go to play."

草、花儿、鸟儿齐说："Let's go to play."

(3) 打电话

游戏种类：智力游戏。

游戏目标：练习相关句型。

游戏过程：在经过一段时间的输入后，开始进入游戏状态，要求教师在开始游戏前讲明规则。在游戏开始前,将班级分组,每个组选3~5名幼儿,并在走廊等距离站好,第一个幼儿到教师这里来,教师小声地告诉其一个句子,然后教师说:"Ready? Go!"幼儿依次传递,由最后一位幼儿大声说出听到的句子。

小贴士

让幼儿传递的句子不宜过长,游戏的目的是让孩子们在快乐中学习句型。如果太难可能传到中途就传不下去了或完全走样,达不到预期目标。此外,游戏中应引导幼儿之间要互助友爱,宽容对待他人的错误,要遵守纪律。如果幼儿过于关注游戏的结果,则会导致幼儿出现互相谴责的问题,教师应随时注意协调矛盾,适时教育。

(4) 姓名数来宝(names chant)

游戏种类:智力游戏、体育游戏。

游戏目标:①训练幼儿对句型:My/Your name's … 的快速反应;②训练幼儿的读句子的节奏感。

游戏过程如下。

① 幼儿围成一圈坐在椅子上。保持一定的节奏和速度说自己的姓名,依次说下去。

② 用手做动作带出节奏。

动作1　双手拍大腿。

动作2　拍手。

动作3　右手扣手指。

动作4　左手扣手指。(说明:幼儿边做动作边数one、two、three、four,且节奏要清晰响亮。)

③ 幼儿一齐重复做这4个动作,等到熟练时,转入前3拍说自己的名字,第4拍说下一个幼儿的名字。一个接一个依次说下去。

④ 过一会儿,转换另一种节奏,前两拍说"My name is…"后两拍说"Your name is…"。(说明:可以替换其他类似这样节奏的句型。)

小贴士

每组人数以6~10位为宜,这样既能保证每个孩子得到说的机会,又能保证游戏的趣味性。游戏时间不宜过长,以5min为宜。

(5) 友谊之圈

游戏种类:体育游戏、音乐游戏。

游戏目标:用英语向别人进行简单的问候、自我介绍及告别。

游戏过程如下。

① 大家一起面对面围成两个同心圆。

② 一起拍手唱歌或放音乐,两个圈分别朝相反方向移动。当歌曲结束或老师喊"Stop!"

时,每位幼儿就与这时正好和自己面对面的幼儿进行问候、对话。

③ 当大家安静下来表示都做完以后,重新开始一首歌曲拍手转圈。

④ 游戏的乐趣在于,幼儿不知道自己下一个将会面对谁,也许是新的幼儿,也许就是刚才问候过的幼儿。

(6) 抛绣球

游戏种类:体育游戏。

游戏目的:练习使用"What's your name?""I'm…"以及一些学过的问候语。

材料准备:布制软球或沙包。

游戏过程:幼儿坐在座位上或者站成一队,教师站在幼儿前面,背向幼儿抛球,球离手后转身面对幼儿。谁接到球就和教师进行对话练习。当对话结束后,由其取代教师的位置,上前抛球继续游戏。

此方法可扩展到其他需要两个人进行对话练习的语言点。尽量不要选用气太足或弹性大的球,采用软球或布制的球、沙包,以便于幼儿接取。

(7) 百宝箱

游戏种类:智力游戏。

游戏目的:练习"What's this?""It's a…"句型并体会 this 的距离感。

材料准备:一只大布袋或一个一面有洞的大箱子,一些与学习有关的手偶、文具等,如铅笔、书、钢笔、书包、玩具猫、狗、鸟。

游戏过程:把用于练习单词的各种物品放进布袋或纸箱。每次请一位幼儿上来,让其将手伸进布袋或纸箱摸一样东西,注意不要让其看见里面的物品,但可以让其他幼儿看见,以增加游戏的趣味性。教师或其他幼儿一起问他:"What's this?"伸手摸的幼儿根据触觉判断,用"It's a…"来回答,并对猜对的幼儿给予奖励。

(8) 打板猜图

游戏种类:体育游戏。

游戏目的:体会 that 的距离感,并用"What's that?""It's a…"提问和回答。

游戏准备:所学单词的单词卡若干,并在每张单词卡上连一根线;沙包等。

游戏过程:把连着单词卡的线头贴在黑板上,这样卡片就可以挂在黑板上,并能够翻开正反面了。在距离黑板两三米的地方设一条界线。当卡片挂好后,给幼儿几秒时间默记每张图的位置,然后将卡片反过来,且背面向外。请一位幼儿上来,站在界线后拿沙包打卡片,然后用"What's that?"问其他幼儿,幼儿们或猜或根据自己记忆判断,并用"It's a…"说出来。说对的幼儿得到一枚贴纸。然后,换另一个幼儿来扔沙包。将猜对的卡片翻开,没有猜对的卡片再翻过去。重复几次后,再交换图片的位置,避免幼儿都记得看过又翻过去的图片。

> 小贴士
>
> 这个游戏可以和"What's this?"的游戏交替进行,让学生体会this和that之间的距离感。

(9)美食家

游戏种类:智力游戏。

游戏目标:练习"I like/don't like..."句型。

游戏准备:米饭、面条、炒肉片、挑好刺的鱼肉各一碟;盐和胡椒粉各一碟;一双筷子;多把勺子;一条蒙眼睛的布。

游戏过程:小朋友上前来蒙住眼睛拿勺子品尝,边品尝便说:"It's...I like/don't like..."。教师在表5-2中记录小朋友喜欢或不喜欢的食物。游戏结束后,总结哪些食物小朋友们最喜欢,哪些不喜欢,为什么。

表5-2 小朋友喜欢或不喜欢的食物记录表

Name						
Lucy	☺	☺	☺	☺	☺	☹
Peter	☺	☺	☺	☹	☺	☺
Mary	☺	☺	☺	☺	☺	☺
Tom	☺	☺	☺	☹	☹	☹
⋮	⋮	⋮	⋮	⋮	⋮	⋮

(10)你也站在我这边

游戏种类:体育游戏。

游戏目标:巩固复习句型"Are you...? Yes, I am. /No, I'm not",提高幼儿的听力和表达能力。

材料准备:动物卡片(可用其他图片替换)。(说明:至少每个幼儿有一张卡片,但卡片不需要每张都不同。)

游戏过程:①先要学会各种动物的英语单词;②每一种动物的图片贴在黑板上,以便学生能指出各种动物;③发给每个幼儿一张卡片后,然后告诉幼儿一定不要给其他的幼儿看见自己的卡片上的动物;④把幼儿分为两队,且两队必须面对面站好;(说明:如果人数多,可以抽一部分幼儿先参加。)⑤用句型"Are you...?"去问对方的队员,如对方答"Yes, I am.",就必须站在问的那一队。最后,人数多者为胜。

【实训任务】

(1)观摩幼儿园英语游戏教学,记录教学活动并对活动进行评价。

(2)在学前实训室中进行模拟教学实践。4~5人一组,组员分工

游戏法教学视频——水果沙拉

合作共同完成确定相关教学目标,设计适当的幼儿英语游戏,并实施。

每组学生安排一个或几个同学将设计好的活动或教学活动在虚拟幼儿园教育、教学活动场景中演示出来。全班同学一同观看,之后是讨论环节,分组进行,讨论后每组派一位学生代表对活动进行评价。主要评价两个方面的内容:一是对"精彩部分"给予肯定;二是指出活动中出现的"弊端"。在评价过程中,既有活动内容的表述,也有根据活动内容进行理性的升华。最后是教师总结。

根据评价改进游戏教学并在幼儿园实施游戏。

第五节　儿歌的运用

学习目标

(1) 认识儿歌及其语言特点。
(2) 掌握利用英文儿歌辅助幼儿英语教学的方法。
(3) 能够独立运用儿歌进行幼儿英语教学。
(4) 能够对英文儿歌教学进行评价。

第五章第五节课件

技能要求

(1) 能够独立运用儿歌进行幼儿英语教学。
(2) 能够对英文儿歌教学进行评价。

一、认识儿歌

想一想

什么是儿歌?你知道哪些英文儿歌?为什么在幼儿英语教学中需要用到英文儿歌?

阅读任务

阅读第一部分,再回答以上几个问题。

1. 英文儿歌的分类

儿歌是以低幼儿童为主要接受对象的、具有民歌风味的简短诗歌。它是儿童文学最古老也是最基本的形式之一。英文儿歌是幼儿学习英语的重要载体。儿歌(nursery rhyme)可以分为唱说(chant)、诗文(rhyme)和童谣。唱说为有节奏的歌或是呼叫,通常句子较短,可以押韵,特点是重复说。例如:

Dog,dog,a big brown dog.

Cat,cat,a small black cat.

Horse,horse,a tall white horse.

Hen,hen,a short yellow hen.

诗文以韵脚和谐为主,即每句词的尾音是一样的。例如:

Eentsy Weentsy Spider

The eentsy weentsy spider went up the water spout.

Down came the rain and washed the spider out.

Out came the sun and dried up all the rain.

And the eentsy weentsy spider went up the spout again.

童谣配有简单音乐,可以唱出来。例如:

Row Row Row Your Boat

Row,row,row your boat,gently down the stream.

Merrily,merrily,merrily,merrily. Life is but a dream.

Rock,rock,rock your boat,gently down the stream.

If you see a crocodile,don't forget to scream!

2. 英文儿歌的语言特征

英文儿歌包括问答歌、数数歌、猜谜歌、游戏歌和摇篮歌等,被誉为"活在孩子们口头上的英语文学"。英文儿歌适用于儿童英语教学主要因为其语言特征,儿歌的语言一般具有以下几个特征。

(1) 英文儿歌的语言音韵自然、和谐,且具有音乐性。儿歌就像音乐一样,能满足儿童听觉上的需要。儿歌是用语言的"音律"组合成的富有节奏的"乐曲",用于抒发感情、塑造形象。

英文儿歌的节奏主要是由重读和轻读音节有规律的重复而形成的,其音乐感多依靠尾韵。例如,Bees 这首儿歌中的 May,hay,June,spoon,July,fly。

Bees

(2) 英文儿歌的语言儿化、生动，且非常形象。由于儿歌的对象是儿童，因此儿歌的选词和用词较符合儿童的心理特点和理解力。英文儿歌作品的语言着力于对人和事物的形态感、色彩感和动作感进行描述，强调形象性。例如，儿歌 Teddy Bear 即是对 Teddy Bear 睡前的一系列动作进行描述。

Teddy Bear

Teddy bear, teddy bear, turn a-round.

Teddy bear, teddy bear, touch the ground.

Teddy bear, teddy bear, show your shoes.

Teddy bear, teddy bear, that will do!

Teddy bear, teddy bear, go upstairs.

Teddy bear, teddy bear, say your prayers.

Teddy bear, teddy bear, switch off the light.

Teddy bear, teddy bear, say good night.

幼儿边唱儿歌边做动作，不仅可以帮助其直接、快速地理解动词的意义，还能充分调动其学习的积极性。

英文儿歌中摹声和拟人表现手法的运用，也增强了其形象性。引起幼儿的听觉直感，唤起其对事物的注意、想象和理解。例如，Little Bee 这首儿歌中的 Bzzzzzz… 就是模拟小蜜蜂飞行时发出声音的拟声词。

Little Bee

(I am little bee. I love honey. Yummy!)

Little bee, little bee, round, round, round.

Little bee, little bee, sound, sound, sound.

Bzzzzzz…

英文儿歌儿语化的方式经常是加入表示"小""可爱"等前置修饰词，如 little 和 dear 等或者给单词加上后缀-ey,-ie,-y 等，如前面提到的 Little Bee 和 Eentsy Weentsy Spider 两首儿歌中的语言都含有这样的幼儿化语言。

(3) 英文儿歌中语言结构简单、内容重复，语言浅显易懂。0～6 岁幼儿语言发展有语言感知、语言理解、语言表达 3 个阶段，此时期的幼儿英语语句简单，词汇掌握较少。英文儿歌的语句简单、语法结构单一、内容重复、易学易记，这些都符合幼儿的思维特点，适合幼儿的语言发展水平，有利于幼儿接受和掌握语言、克服遗忘、加强记忆。

(4) 英文儿歌中修辞丰富多彩,具有趣味性。儿歌的形式多样、内容广泛,使用的修辞手法也丰富多彩。其中,比喻、拟人和夸张是用得较多的 3 种修辞方式,深受幼儿喜爱。例如,Three Brown Bears 这首儿歌。

Three Brown Bears

 Three brown bears. Three brown bears.
 See all their bowls. See all their bowls.
 The daddy's bowl is the biggest one.
 The mother's bowl is the middle one.
 The baby's bowl is the smallest one.
 Three brown bears. Three brown bears.
 (chair,bed)

这首儿歌运用了拟人的手法,富有想象力,符合幼儿的心理特点。

3. 利用英文儿歌的意义

> 为什么利用儿歌教幼儿学习英语?你的想法与下列条目有何异同?

儿歌具有音乐性、形象性、趣味性、重复性和简单易懂的语言特点,使其在幼儿语言学习中发挥着重要作用。

(1) 它能激发幼儿学习语言的兴趣,帮助幼儿在开口说英语时克服害羞心理。
(2) 有利于幼儿在自然的环境中规范语音语调、培养语感。
(3) 帮助幼儿深刻持久地记住词汇、句型和结构。
(4) 儿歌能为初学英语的幼儿提供具有意义的完整篇章。
(5) 儿歌作为一种艺术形式能让孩子爱听、爱唱、反复听、反复唱。
(6) 作为一种简单的文学形式,儿歌还是西方文化的载体,小朋友在说、唱儿歌的时候,也在无形中了解了西方文化。

二、儿歌在幼儿英语教学中的应用

幼儿英语儿歌教学
课堂操练活动

> 你能说出哪些英文儿歌?这些儿歌能否用于幼儿英语教学?怎样利用这些儿歌进行幼儿英语教学?

儿歌在幼儿英语教学中应用广泛。它们可以用于一节课的各个教学环节,为教学目标服务;也可作为主题儿歌,教师围绕主题儿歌设计多元活泼的教学活动完成相关主题教学。

1. 各个教学环节中英文儿歌的使用

（1）用于热身环节

热身活动的目的主要是吸引幼儿注意,让他们安静下来,从而为接下来的学习活动做好准备。英文儿歌热身活动,一般包括以下几种。

① 让幼儿边唱或边说边做动作。选择和着韵律能集体做出较为整齐划一动作的儿歌进行热身活动,不仅能使小朋友的注意力集中,让他们安静下来,还符合幼儿爱说、爱唱、爱跳的特点,从而激发幼儿的学习兴趣。

例如,全班幼儿和老师一起边唱儿歌 Clap Your Hands 边做相应动作。

Clap Your Hands

Clap, clap, clap your hands as slowly as you can.（慢拍双手）

Clap, clap, clap your hands as quickly as you can.（快拍双手）

Shake, shake, shake your hands as slowly as you can.（慢摆双手）

Shake, shake, shake your hands as quickly as you can.（快摆双手）

Roll, roll, roll your hands as slowly as you can.（两手在胸前慢慢交替旋转）

Roll, roll, roll your hands as quickly as you can.（两手在胸前快速交替旋转）

Rub, rub, rub your hands as slowly as you can.（慢搓双手）

Rub, rub, rub your hands as quickly as you can.（快搓双手）

Wiggle, wiggle, wiggle your fingers as slowly as you can.（慢摆动手指）

Wiggle, wiggle, wiggle your fingers as quickly as you can.（快摆动手指）

Pound, pound, pound your fists as slowly as you can.（慢慢敲击双拳）

Pound, pound, pound your fists as quickly as you can.（快速敲击双拳）

② 和着儿歌相互问候。有些儿歌内容有相互问候之意,师生边唱英文儿歌边互相问候,既可以营造宽松、友好的学习氛围,又可借此表达英语课就要开始了,小朋友们要做好准备。例如,教师可在开始上课时和幼儿一同边唱 Hello Song 边通过摆摆手、拍拍肩、握握手问候每一位小朋友,小朋友们得到老师的关注会很开心满足,这种积极的情感和态度不但对英语学习有积极的作用,也会成为他们持续发展的内在动力。

Hello Song

Hello, hello, hello, how are you?

I'm fine, I'm fine, I hope that you are too.

Hello, hello, hello, how are you?

I'm fine, I'm fine, I hope that you are too.

③ 儿歌与单元主题相关,辅以动作学习、巩固。与单元主题相关的儿歌不仅可以帮助幼儿学习和巩固所学词汇、句型,而且有利于培养幼儿的节奏感,增强幼儿的肢体身体协调能力以及表演能力。

例如,在教授 Colors 这个主题时,幼儿教师就可以在热身时选择 Color Song。

Red,red,red,touch your head.

(手轻轻碰一碰自己的头)

Yellow,yellow,yellow,say hello.

(左手放在背后,右手做打招呼的姿势)

Blue,blue,blue,see a kangaroo.

(see 双手放在额头前,kangaroo 双手五指并拢,做成袋鼠的爪子)

Green,green,green,eat ice-cream.

(做吃冰激凌状)

你所知道的儿歌中哪些适用于热身环节?为什么?怎么用?

(2)用于导入环节

导入是教学过程中的第一阶段。巧妙地导入,如同纽带,将新旧知识串联起来。不仅复习学过的知识,同时为新课的展开做好铺垫。导课无定法,自然与否是关键。教师应有目的地选择儿歌或恰当改动、设计儿歌,使之与当节课题相契合。这样,儿歌便不仅是一种很好的情绪铺垫手段,还能延续为自然的导课方法。

例如,在教授 Farm Animals 这个主题时,教师可让小朋友听一听儿歌 Old Macdonald Had a Farm 中有几种动物。教师可伴着音乐演唱,再辅以动作或直接播放儿歌 Flash 进行导入。通过简单易懂的儿歌和形象的动作表演,幼儿就很容易能理解单词的意思,学习新单词也就容易多了。

Old Macdonald Had a Farm

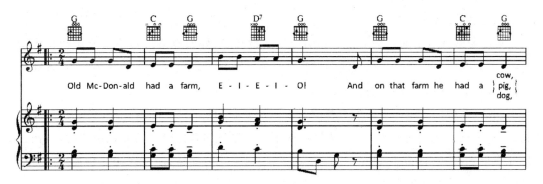

（3）用于呈现环节

新课的呈现就如画龙点睛之笔，如果"点得准"，那么一堂新课就会像用精致的盘子端出来的一盘新鲜的水果一样，让人赏心悦目。

对前面的儿歌进行改编如下。

    Listen, listen! What's this? What's this? Moo, moo.

        A cow, a cow, moo, moo…

    Listen, listen! What's this? What's this? Oink, oink.

        A pig, a pig, oink, oink…

    Listen, listen! What's this? What's this? Woof, woof.

        A dog, a dog, woof, woof…

（4）用于游戏环节

英语游戏环节是幼儿学习词汇和句型的关键环节，好的英语游戏不仅能让幼儿乐于参与，而且能有效地帮助幼儿在游戏的过程中自然而然地习得英语。在游戏环节中，选择合适的儿歌，更加能够起到锦上添花的作用。

例如，在教授身体部位这个主题的时候，教师可以设计一个拼图游戏，将幼儿分成3个小组，每组选一个代表出来拼一个人物的拼图。当被选出来拼图的幼儿在拼图时，可让其他幼儿齐唱 Head, shoulders, knees and toes，以增强游戏的气氛，加强比赛的紧张感。当幼儿唱完一遍后，检查各组拼图完成情况，拼图最完整的就是 Winner。

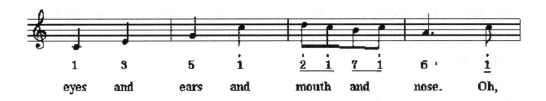

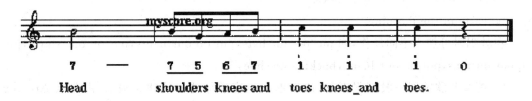

(5) 用于结束环节

儿歌用于结束环节,可以使小朋友有一种意犹未尽的感觉,并期待下一次的英语课。用于结束的儿歌往往是和本节课主题相关的内容或是表达告别之意的儿歌。例如,由 Happy birthday to you 换词改编而成的专门向小朋友说再见的歌曲——Goodbye to you。

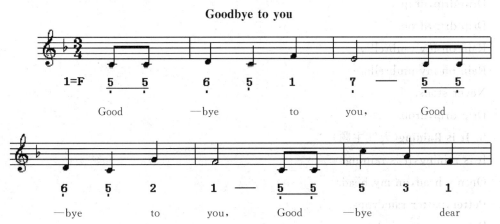

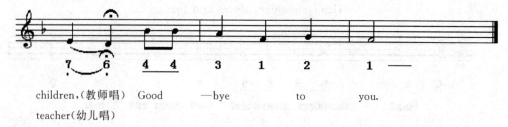

children,（教师唱） Good —bye to you.
teacher（幼儿唱）

并非每节课都有合适的英文歌曲可供教师选择，教师应开动脑筋根据需要进行歌词创编。在进行改换词时应注意以下几方面的问题。

① 新旧词在结构和语音上应基本相同。结构不同不利于教学，音节过多或过少也不利于教唱。例如，上段论述中由 Happy birthday to you 换为 Goodbye to you 就比较合适。又如，由 The mulberry bush 的曲子可填上以下歌词改为 This is the way。

This is the way

This is the way we tie our shoes.

Tie our shoes, tie our shoes.

This is the way we tie our shoes.

So early in the morning.

在教唱时可加入不同动作，如 put on our hats, put on our pants, put on our shirts, put on out mittens, put on our boots, buckle our shoes 等。

② 英文儿歌歌词一般都很押韵，改编歌词也应遵循这一规律。例如，由儿歌 Are you sleeping 改成的以下几首儿歌就都很押韵。

a. **Drip Drip, Drop**（天气主题及 dr 字母组合发音）

Drip drip, drop, drop.

Drip drip, drop, drop.

Drip drip, drop.

Drip drip, drop.

Rain on my umbrella.

Rain on my umbrella.

Never stops.

Drip drip, drop.

b. **It is Raining**（天气主题）

It is raining, it is raining.

On my head, on my head.

Petter, patter raindrops.

Petter, patter raindrops.

I'm all wet! I'm all wet!

c. Mr. Pumpkin(万圣节主题)

Mr. Pumpkin, Mr. Pumpkin.

Eyes so round, eyes so round.

Halloween is coming.

Halloween is coming.

To my town, to my town.

d. Easter Rabbit(复活节主题)

Easter rabbit.

Easter rabbit.

Here he comes.

Here he comes.

Hiding Easter eggs.

Hiding Easter eggs.

Oh, what fun! Oh, what fun!

③ 只替换部分歌词,保持其余部分也是一种很好的换词方法。例如,由 Mary had a little lamb 改编成如下歌曲。

Mary had a little cat

Little cat, little cat.

Mary had a little cat.

The cat said,"Meow, meow, meow."

重复时可更换不同的动物及它们不同的叫声,如 dog-woof, cow-moo。

思考与讨论

找到并学会关于身体、数字、颜色、时间、玩具、文体活动、家庭、食品、电器、交通工具、职业、朋友、动物、天气、四季、水果、服装等话题相关的英文儿歌各1~2首,相互交流分享。

2. 利用英文儿歌教授不同的内容

英文儿歌可以用于帮助幼儿感知、模仿语音,理解、记忆单词,理解、学说句子,感知语法规则。

(1)利用英文儿歌帮助幼儿感知、模仿语音。语音是学好英语的基础和关键,幼儿经常说唱英文儿歌能使其形成正确的语音语调,增强他们的语感。对于稍大一点的幼儿,教师还可以利用英文儿歌押韵、节奏感强、曲调抑扬顿挫的特点,帮助其总结字母在单词中的发音规律,从而掌握英语语言的升降调。例如,教师可以利用儿歌 What's that? 帮助幼儿总结字母"a"的发音和特殊疑问句的语调。

What's that?

That's a cat.

It's holding a bat.

It's wearing a hat.

It's sitting on the mat.

It's looking at the rat.

教师可以先让幼儿观察 bat,hat,mat,cat 这 4 个单词的特点,进而总结出字母"a"在重读闭音节中发[æ]这一规律,再让幼儿列举其他具有这一发音规律的单词,如 dad,fat 等。幼儿还可以了解到特殊疑问句"What's that?"在朗读时用降调。

利用儿歌训练语音语调可以让幼儿的认识从感性到理性,培养幼儿发现问题、解决问题的能力,从而拓宽幼儿个体发展的空间。

(2) 利用儿歌辅助幼儿理解、记忆单词。语言技能的形成离不开词汇的积累与运用,词汇量的大小对语言表达能力的强弱也有直接影响,因此词汇教学在英语语言教学中有着举足轻重的地位。用英文儿歌教单词可以使幼儿的瞬时记忆转化为长时记忆,不仅能帮助幼儿学习课内的词汇,还能促进幼儿课外词汇的增长。例如,儿歌(Chant)The days 的内容就是由一个星期中的 7 天组成的。

Monday,Tuesday,Wednesday.

Thursday,Friday,Saturday.

Sunday,Sunday,Sunday!

幼儿通过这首儿歌反复吟唱一周中的 7 天,不仅单词学得快,记得也牢。

又如,儿歌 Who is wearing yellow today? 一问一答,语言简单易懂,互动性强,非常适合幼儿学习颜色类单词。

Who is wearing yellow today?

歌词中的 yellow 可以被替换成 red,green,orange,blue 等,教师如果还想给幼儿拓展其他颜色类单词,也可以视具体情况往后加。

(3) 利用儿歌辅助幼儿理解、学说句子。句型是语言结构的模式,它具有代表性和常用性,是语言知识的重要内容之一。幼儿如能掌握一定数量的常用句型,就能为其表达思想、传递信息和进行交际打下良好的基础。儿歌能为句型教学创设直观形象的情景,使幼儿在轻松、愉快的气氛中理解句型、运用句型,提高语言交际的能力。例如,儿歌 What's your name? 可用于幼儿刚接触英语时操练句型"What's your name? My name is …"

What's your name?

在课堂上,教师与幼儿、幼儿与幼儿之间可以把歌词中的 Linda 换成自己的名字相互对唱、打招呼、询问对方的英文名字。

(4) 利用儿歌辅助幼儿了解西方文化。教师可以借助英文儿歌让幼儿了解、感知西方文化,培养幼儿的跨文化意识。例如,在圣诞节时让幼儿听一听、学一学 Jingle bells,We wish you a merry Christmas,Silent night 等圣诞歌谣,不仅可以让幼儿感受圣诞节的气氛,还可以让幼儿了解圣诞节的起源、习俗等。

培养幼儿跨文化意识的另一个方面是让其知道英语中最简单的称谓、问候和告别语。相应的英文儿歌曲有 Good morning,How do you do 等。教师可以让幼儿通过儿歌演唱,轻松学会打招呼等问候语。

在进行英语国家介绍时,可以让幼儿唱一唱 London Bridge is falling down 以这首歌引出"London"是英国首都,英国人讲英语,并拓展至伦敦桥、大本钟、泰晤士河等风景名胜等,还可以通过让幼儿品尝英国美食、做传统游戏、参与传统工艺品制作等体验英国文化。

3. 主题儿歌教学

儿歌作为一种古老的文学形式,它具有数量大、种类多、内容覆盖面广等特点,可以应用于不同年龄、各种主题的英语教学。主题儿歌教学是以孩子身边环境及孩子关心的事物为主题,参考全语言及多元智能理论,运用肢体语言、游戏、音乐、手工等形式,增进幼儿的英文听、说、读、写技能,并开启幼儿的逻辑、空间、音乐、肢体运动、内省、人际、自然观察智能。下面以儿歌 One Potato 为例展示小班主题儿歌课程设计。儿歌相关主题为认识数字或蔬菜。

One Potato

活动 1　教唱儿歌

> **思考与讨论**
>
> 通过 One Potato 这首儿歌幼儿能学到什么?如何教幼儿唱 One Potato 这首儿歌?基于这首儿歌能设计出哪些活动?

(1) 活动目标

① 学说儿歌,理解儿歌内容。

② 愿意和同伴合作表演手指游戏。

③ 能够表演手指儿歌。

④ 单词:one—seven,potato。

⑤ 句子：感知了解 more 的用法。

(2) 活动准备

7个清洗干净的土豆、一个篮子、一个手偶。

(3) 活动过程

Step 1—Highlight the key words.

(T—Teacher；C—Children)

(Show a potato)

T：Here! What is this?

C：It is a potato.

T：Look here! There are more potatoes in the basket. How many of them are there? Let's count.

T and C：One, two, three…ten.

C：ten potatoes.

T：Great! Do you like potatoes?

C：Yes. I like potatoes.

T：Why do you like potatoes?

C：They are yummy/nice!

T：Do you want to have potato for lunch?

C：Yes.

T：Well! Look! Who is coming?

(Show a puppet)

Step 2—Sing One Potato

(T—Teacher；C—Children)

(The teacher performs the song with the potatoes and the puppet. The children watch and listen to the song.)

T：One potato(take one potato out from the basket), two potato(take another one out), three potato, four.

Five potato, six potato, seven potato, more.

(Take one out each time and when the teacher says more, show the rest potatoes in the basket at the same time.)

Step 3—Talk about One Potato

(T—Teacher；C—Children)

T：How many potatoes are there in the song?

C：Seven more potatoes.

T：Where are the potatoes?

T and C：They are in the basket.

T：Do you like potatoes?

C：Yes. I like potatoes.

T：What other vegetables do you like?

C：Tomatoes, cucumbers, carrots, peas, cabbages...

Step 4—Learn the song

(T—Teacher；C—Children)

T：Now, let's count and sing together, OK?

C：OK!

T：One potato(take one potato into the basket), Two potato(take another one in),...

(The children imitate the teacher)

Step 5—Perform the chant

(Invite several children to the front and perform the song. They sing and pass the potatoes out one by one and sing the song together. Then ask someone else sing and put them back again.)

根据以上案例，按以下步骤进行儿歌教唱。

（1）强调重点词汇或句子。

（2）教师表演。教师表演时应有适当的手段(Flash、图画、道具、游戏或其他情景创设)来辅助小朋友的理解。

（3）讨论。就儿歌内容进行讨论，加强幼儿对儿歌的理解，引导幼儿说出歌词，培养幼儿发散性思维。

（4）练唱。在理解儿歌歌词的基础上，教师与幼儿借助情景共同演唱。练习唱歌的形式还有齐唱、轮唱、接唱、对唱、合唱、独唱等形式。

（5）表演。以各种幼儿喜欢的方式将儿歌表演出来，以强化学习，培养兴趣，展示幼儿的风采。

教无定法，歌曲教唱并非要求教师按部就班完成以上步骤，教师可根据具体情况省略或添加必要活动。

活动2　看图念儿歌(语言智能、音乐智能)

活动 3　唱唱不同的儿歌（语言智能、音乐智能）

> **Tomato**
> One tomato, Two tomatoes,
> Three tomatoes, Four.
> Five tomatoes, Six tomatoes,
> Seven tomatoes, More.

（Carrot/ Pea /Cucumber/ Onion）

活动 4　谁先谁后：边说儿歌边将卡片排序（数学逻辑智能）

Order the cards.

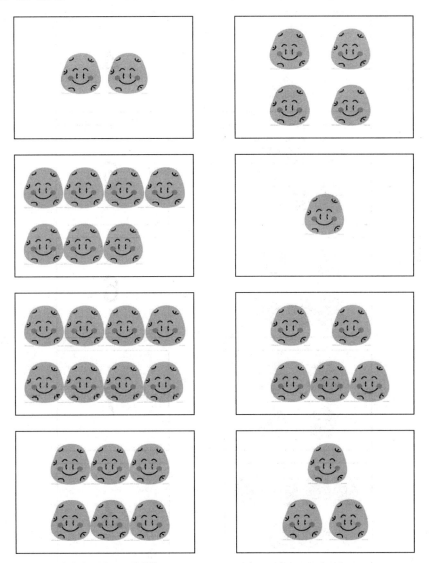

活动5　连连看（数学逻辑智能）

Match it.

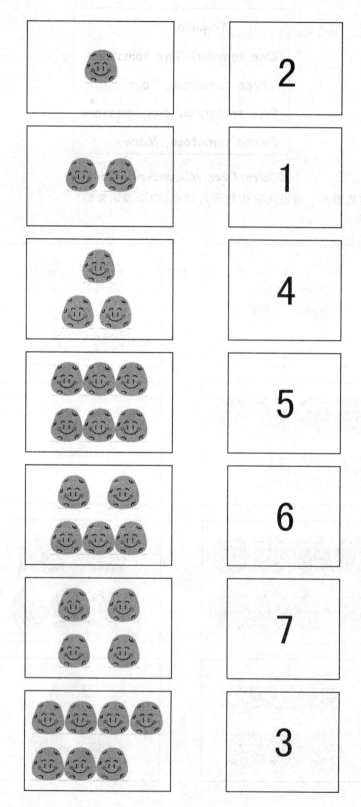

活动 6　我是小土豆（音乐智能、肢体运动智能）

（1）在教室内用橡皮筋拦出一个区域作为土豆框。

（2）所有的幼儿表演小土豆。

（3）教师和幼儿齐唱儿歌 One Potato，每唱到一个数字教师就示意请一个"小土豆"到土豆框里。

（4）倒出"土豆"继续游戏，游戏次数视具体情况而定。

活动 7　找不同（自然观察智能）

Which potato is different? In what ways is it different from the others?

活动 8　圈起来的是几个？（自然观察智能、数学逻辑智能）

How many are there in the circles?

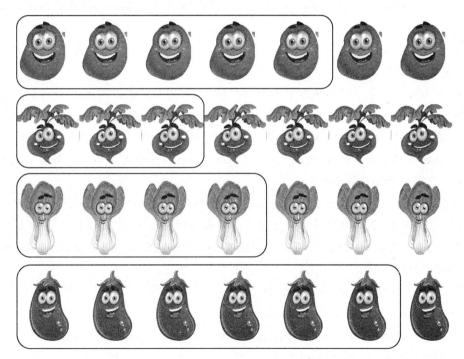

活动 9　蔬菜蹲游戏（运动智能）

将幼儿分成数组，教师给每组一种蔬菜的英文名字，如 potato，onion，tomato，cabbage，carrot，pea，pepper，cucumber 等。第一组幼儿说出自己的蔬菜名，并做出上下蹲起动作，再说出另一组的蔬菜名。被点名的一组需要继续说下去，接不上来者出局。例如，"Potato down, potato down, potato down then onion down.""Onion down, onion down, onion down then carrot down.""Carrot down…"等。

活动10 马铃薯小狗制作（空间智能、肢体运动智能）

(1) 准备材料

土豆、豌豆、四季豆、胡萝卜、火柴、美工刀、剪刀。

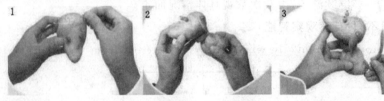

(2) 制作方法

① 用豌豆荚做成小狗的耳朵，把圆鼓鼓的豌豆变成小狗的眼睛。

② 用火柴梗把小狗的头和身体固定好。

③ 给小狗装上神气的尾巴。

（相关网址：www.baby611.com）

主题儿歌教学活动可以通过多元活泼的途径反复重现儿歌内容，激发幼儿的学习热情，使幼儿轻松识记单词、句型并灵活运用所学语言，同时对幼儿多元能力培养大有裨益。

小贴士

教师在挑选儿歌时，以下是几点可参考的意见。

第一，教师应尽量选择英美国家的原版经典儿歌，因为经典儿歌既然能传诵久远，必有其特别不易被遗忘的机制。幼儿处于一个语音语调学习的敏感期，善于模仿，选择英美国家原版的英语歌曲，可以让幼儿接触到最纯正的英语语言，把握最地道的英语语音语调，如鹅妈妈系列经典童谣等，将这些歌曲配上动画，可以充分发挥幼儿英语学习的天赋，促进幼儿良好语音语感的形成。

第二，教师应选择朗读起来节奏清楚、语调抑扬顿挫、歌词重复、有发展空间的儿歌。由于幼儿喜欢重复，因此歌词适当地重复会使幼儿感到熟悉，便于记忆和掌握。选择适当重复的英语儿歌可以使幼儿在学习过程中没有压力、兴趣盎然，从而获得成就感。如儿歌Five Little Monkeys。

Five little monkeys jumping on the bed.

One fell off and bumped his head.

So Momma called the doctor and the doctor said.

No more monkeys jumping on the bed!

Four little monkeys jumping on the bed.

One fell off and bumped his head.

So Momma called the doctor and the doctor said.

No more monkeys jumping on the bed!

Three little monkeys jumping on the bed.

…

One little monkey jumping on the bed.

He fell off and bumped his head.

So Momma called the doctor and the doctor said.

No more monkeys jumping on the bed!

第三,选择内含简单故事,并附有热闹的动态场面,更能引发幼儿学习兴趣的儿歌。如儿歌 Hickory Dickory Dock。

Hickory dickory dock.

The mouse ran up the clock.

The clock struck one the mouse ran down.

Hickory dickory dock.

Hickory dickory dock.

The mouse ran up the clock.

The clock struck two the mouse said"Boo!".

Hickory dickory dock.

第四,教师应选择与单元主题相关的儿歌。

第五,教师应选择已经被编成有旋律可以歌唱,并能加入肢体动作的儿歌。

【实训任务】

(1) 观摩幼儿园英语儿歌教学,记录教学活动并对活动进行评价。

(2) 在学前实训室中进行模拟教学实践。4~5人一组,组员分工合作共同完成确定相关教学目标,选择适当的英文歌曲,选取适当丰富的教学方法,准备多样的教学组织形式等过程。每组学生安排一个或几个同学将设计好的活动或教学活动在虚拟幼儿园教育、教学活动场景中演示出来。全班同学一同观看,之后是讨论环节,分组进行,讨论后每组派一位学生代表对活动进行评价。主要评价两个方面的内容:一是对"精彩部分"给予肯定;二是指出活动中出现的"弊端"。在评价过程中,既有活动内容的表述,也有根据活动内容进行理性的升华。最后是教师总结。

第五章第五节 儿歌的运用教学范例

第六节 故 事 法

【学习目标】

(1) 认识英文故事对幼儿英语学习的积极作用。

(2) 掌握幼儿英语教学中英文故事选取的标准。

(3) 掌握英文故事教学的设计与实施的基本方法。

(4) 能够独立进行英语故事教学。

第五章第六节课件

技能要求

(1) 能够选择适合的故事进行幼儿英语教学。

(2) 能够设计并实施幼儿英语故事教学。

实训任务

在你十几年的英语学习经验中,英语故事起着什么样的作用?英语故事在幼儿英语教学中可能有什么特殊意义?

一、认识故事教学活动

故事法教学活动

在母语学习中,故事教学一直以来在幼儿教育中占有重要的位置,如讲述故事、复述故事、故事表演等。故事的语言发展价值、道德发展价值受到了普遍的关注。在国外,"故事教学法"也是一种常用的教学方法。故事无处不在,人们倾听、阅读和讲述。人们运用它们来激励他人、传递信息以及分享经验。如果教育者能够使用它(故事教学法)来帮助、促进学习者的学习,那么他们就能更好地完成从学生角色到社会角色的转变。英国第二语言教育实践者 Mary Slattery 和 Jane Willis 也指出,幼儿是无意识地获得一种语言的。在英语教学中,故事也是最有价值的支持资源。

(1) 故事能提高幼儿英语学习的兴趣,由此提高学习效率。学龄前期是幼儿口语发展的最佳期,此时幼儿对环境中的语言刺激表现出了特有的敏感性和主动性。幼儿英语故事生动有趣的故事情节会引起幼儿讲故事的浓厚兴趣,不仅能提升幼儿英语的主动性,而且能增加师幼间的互动,同时幼儿能从绘本中获得学习的乐趣。但是,任何一个学习主题,无论是词汇、句子还是发音,都必须与个人兴趣及幼儿的成长互相联结,这样幼儿才能毫不费力地把语言放进记忆中。

(2) 故事能提供给幼儿自然、真实、有意义的英语语境。幼儿英语故事是一个相对完整的有语境的语言素材,是成熟的语言样本。使用有意义的、有语境的语言素材学英语,便于幼儿更好地理解语言的意义以及语言的具体使用情况,并能够让幼儿从中获得正确的发音和语调,学会用恰当的词语句法表达自己的思想,描述周围的事物,最终促进言语连贯性的发展。幼儿英语故事的听、读、演符合英语教学学者 Krashen(1981) 所提出的语言学习的三大要件:供给儿童可以理解的语言输入、提供真实自然的情境及低压力,因此幼儿可以自然而然地习得英语。

(3) 幼儿英语故事能为幼儿提供语言积累的资源。英语故事丰富的文体和题材有助于幼儿发展词汇及概念，如各种语言句式、合适的用词等，向幼儿展示成熟的英语语言；教师可利用故事书将长期的语言熏陶与专门的语言训练相结合，以激发幼儿学习和应用语言的兴趣，发展幼儿的语言潜能。长期的语言熏陶，如设计英语故事区（角）活动、故事人物造型、故事环境营造等。专门的语言训练包括在故事教学活动的过程中，选用能够激励幼儿的语言游戏、鼓励幼儿创造性地运用语言等，从而为幼儿后续的英语语言学习打下良好的基础。

（4）透过故事，幼儿可以有效认识英美文化，有益其英语学习。文化和语言习得是密不可分的，应该使幼儿了解目标语文化在通常情况下的常规行为，增强幼儿对目标语中词及词组在文化内涵上的了解，并激发幼儿对目标语文化的求知欲，同时鼓励他们与拥有该文化的人产生共鸣。通过听、讲和表演故事，能让幼儿更好地了解世界、了解历史、了解中外文化差异，从而渗透文化意识的教育。

（5）幼儿园英语故事教学能培养幼儿的模仿能力与表现力、想象力与创造力。幼儿内心充满想象，他们拥有自己丰富、天真的思想。故事虚拟、夸张的特点，正好满足幼儿充满想象的心理特征，给幼儿无限的想象空间。在倾听故事中，幼儿知道大灰狼的声音是粗声粗气的；知道伤心的时候紧皱眉头哭泣，惊讶时睁大眼睛，张大嘴巴；知道老爷爷的形象是驼着背，捋着胡子……教师鼓励幼儿对这些声音、表情、动作等加以模仿，让幼儿知道怎样讲故事好听，怎样做动作形象，并把这些语调、手势等运用到复述故事中，大胆投入地把故事讲出来。在生动形象的复述训练中，提高了幼儿的模仿能力与语言表现力，为将来绘声绘色地表达语言奠定了基础。

（6）幼儿园英语故事教学能促进幼儿的个性与社会性发展。每个故事都有其主题，有亲子主题、社交主题、成长主题等。如故事"Little Tadpoles Look for Mother!"（小蝌蚪找妈妈）体现了孩子对母亲的依恋之情，而故事"Guess How Much I Love You"（猜猜我有多爱你）描述了母亲对儿女无限的爱，"Click Clack Moo, Cows That Type"（会打字的牛）以幼儿能理解的方式反映了 farmer 与 cows、hens 谈判与协商的过程，"My friend"（我的朋友）描述了朋友之谊；"A hungry caterpillar"（很饿很饿的毛毛虫）则反映了毛毛虫的成长与蜕变。随着幼儿自我概念的日益增长，他们能更好地理解别人的思想、情感，也发展着对人与人之间的各种社会关系的认知，并迅速地改善着其自身的人际交往技能。

经典童话故事中的人物关系则更为复杂：国王与皇后等角色往往代表美德；仙子则象征同情与怜悯；在后母或丑陋的兄弟姐妹身上常看见嫉妒；女巫则是反派的代表；动物则是心声的传达。幼儿会用故事人物的象征意义来传达自己的情感，也借此来熟悉他们生活的世界。

在幼儿英语故事教学中，情节再现、故事表演、故事游戏等都可以大大增加幼儿与同伴交往的机会，并培养幼儿交际的胆量和技能。幼儿园英语故事教学对促进幼儿的个性与社会性发展起到十分积极的作用。

（7）幼儿园英语故事教学与幼儿的审美发展。儿童英语故事，既是文学作品，也是艺术作品。幼儿英语故事能使幼儿在不知不觉中感受语言之美，同时充满童趣的插图往往能带给幼儿以视觉上的享受。教师在讲故事的过程中符合人物角色的拟声、配乐都可以增强幼儿的艺术感受性，并促进幼儿美感和审美情趣的自然形成和发展。如在故事"Brown Bear,

What Do You See?"(棕熊,棕熊,你看到了什么?)(见图5-11)中,"What Do You See?"的句型随着动物的登场而不断出现,富于韵律之美。一只只动物如模特时装表演般翩然出场,一个比一个光鲜亮丽。每一个跨页的版面上只呈现一只动物,加上 Eric Carle 独特的手绘色纸拼贴画,很容易吸引幼儿的目光,并给他们以美的感受。又如,在故事"There Was an Old Lady Who Swallowed a Fly"(一位吞食了苍蝇的老婆婆)(见图5-12)中,一位老婆婆不小心吞食了一只苍蝇,也许她会这么死了吧?不,她没有死。更夸张的是,她继而又吞掉了一只蜘蛛、一只鸟、一只猫、一只狗、一只牛和一匹马。这实在是太疯狂了。绘本中黑色的背景与主角们的鲜艳颜色形成了强烈对比,加上动物们因同伴被吞掉哀叹的眼神,成功地烘托出了整个故事荒诞美的特质。孩子们在听故事时,不禁被荒谬、怪诞的故事情节所吸引。

图5-11 "Brown Bear, What Do You See?" 故事图画

图5-12 "There Was an Old Lady Who Swallowed a Fly" 故事图画

二、幼儿英语教学中故事的选取

英语故事对幼儿英语教学的重要作用不言而喻,但并非所有儿童英文故事都适合幼儿英语教学。大多数故事不会考虑到处于幼儿期的语言学习者的特殊需求。而选错了故事就像吃错了药,有害而无利,因此在进行幼儿英语教学时,选择故事的标准就显得十分重要。

教师在选取故事时,应考虑以下几个方面。

(1) 教师应选择与单元主题相关的英文故事。在英文故事的定位上,多数教师认为将故事作为主要教材来取代教科书是不可行的,他们认为有必要将英文故事纳入补充教材中,因此应选择与单元主题相关的英语故事作为补充,借以强化主题内容的学习。

例如,绘本故事"Brown Bear, What Do You See?"是关于颜色主题的;"From Head to Toe"是关于认识自己(My Body)主题的;"My Friends"是关于朋友主题的;而通过"Seven Blind Mice"幼儿可以用于学习数字、颜色和一周7天。

(2) 教师应选择与幼儿年龄特点和认知水平相符的英文故事。不同年龄段的幼儿,生长发育和智力发展方面有不同的特点,对事物的兴趣和理解能力也不同。特别是在幼儿人生的前几年,年龄的差异带来的行为能力和认知能力的差异特别明显。因此,在为幼儿选择故事时,年龄特点是教师要考虑的首要问题。那么要为处于幼儿时期的孩子选择怎样内容的英语故事呢?

① 为2～3岁幼儿选择英文故事。

a. 故事情节应该简单而重复。2～3岁的幼儿已经能够较长时间专注于一件事情,他们可以坐着听教师讲完一段较短小的故事。在听了很多次之后,对于熟悉的故事,他们可以自己背出其中的内容,还会纠正教师讲故事时不小心漏掉或说错的部分。因此,为2～3岁幼儿选择的故事情节应该简单而重复。例如,故事"Six Little Teddy Bears"。

Six Little Teddy Bears
L CMC(2002)

(a) Six little teddy bears, sleeping in the bed.

　　Three at the foot and three at the head.

(b) He pulled and he pulled and he pulled some more.

　　Two little teddies went BOOM! on the floor.

(c) Four little teddy bears, sleeping in the bed.

　　Three at the foot and one at the head.

(d) One teddy said,"This bed is too full!"

　　He grabbed the blanket and started to pull.

(e) He pulled and he pulled and he pulled some more.

　　Two little teddies went BOOM! on the floor.

(f) Two little teddy bears, sleeping in the bed.

　　One at the foot and one at the head.

(g) One teddy said,"Two is just right!"

　　Two little teddy bears said,"Good night!"

b. 情节和分类、颜色、形状、空间、数字等概念相关。随着认知能力的发展,3岁左右的幼儿开始学习抽象的概念。因此,可以为他们选择关于分类、颜色、形状、空间、数字等概念的故事。如上述"Six Little Teddy Bears"涉及数字概念,而下面的故事"Ollie' jar"涉及上、下、穿过、周围等空间概念。

Ollie' jar
Carol Moore(2001)

Ollie is an eel.

He likes his home in a jar.

When he comes out he swims over his jar.

He swims under his jar.

He swims through his jar.

He swims around his jar.

When he is done, he swims back into his jar.

Now there are two eels, Ollie and Izzy.

When Ollie and Izzy come out they can swim over, under, through, around and back into their jar? together.

c. 主题与生活经验相关。由于幼儿喜欢与自己的生活经验有关的情节，因此教师还应为他们选择主题与生活经验相关的故事，如上厕所、睡觉、吃饭、玩耍等。他们在这类故事中可以增进对自我的认识，如"The Pet Shop""Six In a Bed"等。这一年龄段的孩子在听故事时喜欢发问，喜欢讨论书中主角的情绪、想法，并会将自己的生活经验与故事中的内容相联结。

② 为3～6岁幼儿选择合适的图画书。

a. 多样化的主题的故事。与3岁前幼儿不同，3～6岁的幼儿开始对事物是怎么来的、有什么用途、如何运作充满兴趣。因此，提供给此阶段幼儿的故事，应该具有多样化的主题，并可以扩大幼儿对世界的认识。如"Joseph Had a Little Overcoat""Rain""The Very Hungry Caterpillar"等。

b. 关注人际关系主题的故事。幼儿在集体生活中，开始了解朋友的概念，也有了自己喜欢的人和讨厌的人。幼儿园里的伙伴和爸爸妈妈对待自己的方式不一样，他们不会一味迁就自己，这使幼儿的心理产生了变化。他开始喜欢和同龄的幼儿一起玩耍，学会彼此关心与照顾，同时也需要伙伴们的情感支持，也会不可避免地和他人发生冲突。因此，应为幼儿选择一些和生活息息相关的、关于友谊、学校生活等的主题故事。这些故事既可以引起幼儿的兴趣与共鸣，又可以透过故事和幼儿谈论这些话题，进行教育启蒙，如"The Doorbell""When Sohie Gets Angry""Whose Mouse Are You?"等。

c. 善恶分明的童话故事。幼儿尚处于处于服从权威和规则，以避免受到惩罚的道德判断发展第一层次，喜欢阅读坏人得到惩罚、好人得到奖赏的故事，并享受着故事的快乐结局。教师可挑选一些经典童话讲给幼儿听，并和幼儿对每个角色加以评价和讨论。如"Snow white""Little red riding hood"等。

d. 有明显的时序的故事书。5岁左右的幼儿开始有较正确的时间观念，知道白天、夜晚及四季的概念，理解现在、过去、未来的关系。这使他们能理解较为复杂的故事进展，因此可以特别挑选对时间先后顺序有较具体的描写的故事，如故事"Today Is Monday"。还应注意的是，太长的文字容易让幼儿产生厌倦。

小贴士

按年龄段为幼儿选择故事是指顺应幼儿普遍的生理发展和心理发展规律，为其找到更合适的教材。教师经常会碰到幼儿喜欢自己年龄段"之前"或"之后"的故事的情形。这也和每个幼儿的发育情况和兴趣有关。以下节选自一位母亲在教子论坛中的发言及插图（见图5-13）。

"这本书很简单，但是5岁的女儿丝毫没有因为简

图5-13 一位母亲在教子论坛中的插图

单而不看,反而兴趣很高,第一遍我来讲图,第二遍直接读,第三遍就是我们一起来读了。我问,她答;后来就变成她提问,我来回答,不仅学了颜色,还学到了句型,很好的书……"

（3）教师在选择故事时,除了要考虑到年龄特点,还应考虑语言文字的难度。由于幼儿从出生到入园前,成长环境中很少用到英语或从未接触过英文,因此内容上符合幼儿年龄特点的故事往往在语言方面就偏难了,这会造成幼儿听不懂且对所听的故事失去兴趣,甚至影响对英语学习的积极性。因此,教师在选择故事时,一定要选择幼儿能听懂的。什么样的语言是幼儿能听懂的呢？教师只要把握一点,故事中语言的难度应与幼儿当前英语语言水平相当或稍高一点。根据克拉申提出的语言输入假说,在教师恰当的动作、表情、语气及与故事配合的图片、场景的辅助下,幼儿能够理解比他们当前水平稍高一些的英语。只有听得懂的英语才是有效的语言输入。

（4）教师在选择故事时,还要特别考虑其中是否包含重复的、有韵律感的、可预知的语言片段。幼儿喜欢重复,如在游戏时他们会唱同一首儿歌、喜欢反复说某一首童谣、要求师长一遍一遍讲同一个故事等。许多经典的儿童故事中都含有重复的语句,如前文中提到的俄国著名儿童文学作家创作的故事"Big Turnip"（拔萝卜）中的"They pull and pull, but it doesn't move."及"The mouse pulls the cat, the cat pulls the dog, the dog pulls the girl, the girl …"等富有韵律的句式。又如,经典童话故事"Three Little Pigs"中大灰狼与小猪们的对话也是重复的："Little pig, little pig, let me come in.""No. No. Not by the hair on my chinny chin chin."……但这些语句的重复并非机械式的复制,而是一种符合幼儿身心发展的韵律节奏。幼儿可以通过重复的规律预知即将发生的故事情节,随着这些重复的语言将故事一步一步推向高潮。重复性的语言可以制造出故事的韵律感,读起来朗朗上口,通过让幼儿模仿讲述,能够帮助幼儿锻炼英语的韵律、节奏和语感,从而让幼儿在不经意中掌握某种表达方式。

（5）教师还应考虑选择配画英语故事。教师在讲故事时,需要创设情景来辅助幼儿的理解,而好的配画故事不但能吸引幼儿的注意力,还能帮助幼儿猜出听不懂的词汇和语句。如图画故事"Rain"中,每页插图中都有成千上万的雨滴以单词 rain 拼画出来,并倾斜地落在大地万物上。文字的颜色随语句变换,让幼儿轻松学会关于颜色的单词。图 5-14 为图画故事"Rain"中的图画。

图画还能传达出用言语表达幼儿难以理解的内容,如比较复杂的情感——好奇、兴奋、失望等情绪都能通过生动的绘画形象地表达出来。如故事"Eat Your Peas"的图画部分运用计算机单色套印技法,小 Daisy 不断拒绝妈妈让她吃豌豆的要求,每拒绝一次,Daisy 的态度坚定的脸就变大一些,画面生

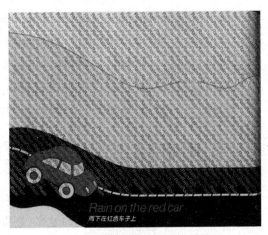

图 5-14　图画故事"Rain"中的图画

动有趣,令人难忘(见图5-15)。

此外,故事插画不同的绘画风格也传递着作品的背景文化。以中国水墨画绘制的"Little Tadpoles Look for Mommy!"(小蝌蚪找妈妈)(见图5-16)反映出了中国传统的绘画艺术。而"Joseph Had a Little Overcoat"(约瑟夫有一件小外套)中的图画则采用鲜明的水彩色调,加上铅笔彩绘和杂志照片拼贴,表现出强烈的犹太民族特色。

图 5-15 Daisy 的脸

图 5-16 "Little Tadpoles Look for Mommy!"故事图画

(6)教师在选择故事时,还应考虑它是否适于表演。幼儿英语故事以其丰富的内容、充沛的情感、精美的画面吸引、打动着幼儿,使其很容易和故事中的角色产生共鸣。教师应给他们机会让其扮演故事中的角色,好好过把瘾。他们善于运用肢体语言与形态语言逼真地表现对其内容的理解,惟妙惟肖地再现角色特征,如"Big Turnip"中大家一起将大萝卜拔出的情景,又如"Tadpoles Look for Mommy!"中小蝌蚪们找到妈妈的那一幕,让幼儿乐此不疲。在这种故事情节的表演和回放中,幼儿使用着刚刚学到的语言,体验着独特的游戏方式,验证着自己的预期,感受到新奇的变化,从而获得无比的乐趣。

有些幼儿英语故事流传广泛,颇具影响力,在很多网站资源中都可以找到它们的动画,教师可以直接搜索使用。常用的网站资源如下。

① http://www.amazingadventure.com/index_fl.asp
② http://www.andersenfairytales.com/en/main
③ http://www.kiddyhouse.com/songs
④ http://www.kidcrosswords.com/kidreader
⑤ http://www.magickeys.com/books/index.html
⑥ http://www.storyplace.org/preschool/other.asp

三、幼儿园英语故事教学的设计与实施

幼儿园英语故事教学是指教师利用故事材料(见图5-17),用听故事、讲故事、表演故事等方式来完成英语语言教学目标的过程,是将英语语言内容隐含于故事活动(教学内容的组合形式和形态)之中,通过参与听故事、讲故事、表演故事等让幼儿学会组织英语语言材料,

图 5-17 "Little Overcoat"故事图画

从而提高其英语语言表达能力。

1. 课前准备

课前准备工作是整个英语故事活动开展前的重要环节,它直接影响活动过程顺利与否和活动教育目标的实现。英语故事活动开展前的准备工作主要包含 3 个方面的内容:文字梳理、情境创设和语言准备。

(1) 文字梳理

一般来讲,找到一个完全合适的英文故事并不容易,大多数时候需要教师在原有的故事基础上进行一定的修改。而修改故事也并不是随心所欲的,而是需要考虑以下因素。

① 生疏的词句,如 the enormous turnip,改为 the big turnip。

② 复杂的时态,如 had been sleeping,改为 slept。

③ 倒装语序,如 Into the sack jumped the little cat,改为 The little cat jumped into the bag。

④ 太长的语句,如 The hunter, who had a kind heart, released her. 改为 The kind hunter said,"You can go now."

(2) 情境创设

创设开展活动所需要的情境,包括根据故事讲述的需要绘制彩页插图或幻灯片、下载相关音乐、动画或者准备所需的道具及布置环境(见图 5-18)等。直观的情景可以帮助幼儿更好地理解故事的内容,并将故事渲染得有声有色。

图 5-18　布置环境

例如,在讲故事"Big Turnip"之前,教师可制作花园场景道具,准备大萝卜、各种人物卡片、头饰等,辅助教学。

(3) 讲、演准备

① 语言准备。教师应在活动前将所有词语的发音、语速、语调及节奏把握好,通过反复朗读、跟磁带读、读给他人听、录下来听的方法保证自己的语音、语调准确规范。然后,在语音准备充分的基础上,将故事背熟。再反复结合教具、道具的使用,练习将故事自然讲出来。

② 表演准备。在充分熟悉故事基础上进行表演准备。在讲故事的过程中,要吸引幼儿听故事,有很多方法。但是,最重要的方式是运用自己的声音的力量——速度、节奏、停顿、音量、情感——这类表达能发掘教师自己潜在的表达特质。例如,小熊说话的声音粗粗的;小猫的声音细细的;小猪的声音慢悠悠的;老狼的声音凶巴巴的。教师还可以加入夸张的表情、肢体动作、舞蹈、声音和音乐来增加吸引力。一般情况下,这些都能帮助幼儿模仿与融入故事,而且也能让无法专心听讲的幼儿欣赏故事。在进行表演准备时,教师可以通过对镜子表演、录像后回放、请他人观看并给出建议的方法来进行。

2. 教学流程

幼儿园英语故事教学一般要经过3个阶段:讲故事前的预热活动、故事的欣赏与理解、讲故事后的拓展活动。

(1) 讲故事前的预热活动

① 谈故事。

a. 通过猜实物引出故事。例如,在讲英文故事"Big Turnip"之前,教师从袋子中拿出一个红红的大萝卜,并问小朋友:"What's this? Do you like it? Why do you like it? Do you know a story about a very very big turnip?"

b. 看图猜故事。例如,在讲故事"Little Snow White"时,展示皇后变成的巫婆给白雪公主吃苹果的图片,并问小朋友:"Who is this girl? Is she beautiful? Do you like her? Why?

Who is this woman? What is she taking? What is the story?"

c. 围绕故事的主题或标题讲一讲图片内容。例如,在讲故事"Biscuit Goes to School"(见图 5-19)时,围绕标题讲一讲图片内容。"Biscuit is a puppy. He likes school. What is he doing? —He is going to school. What happens to him at school? Listen to the story and find the answer."

图 5-19 "Biscuit Goes to School"故事图画

d. 用英语或母语介绍故事梗概。对于较复杂的故事,教师可先讲述故事大意,让幼儿对故事有一个初步了解后,再进行详细讲解。

② 热身活动。采用或改编与主题相关的儿歌配合手指操或表演进行热身,从而引出故事。如在讲故事"Big Turnip"前,可先带幼儿表演唱儿歌 Big Turnip 从而引出故事,儿歌 Big Turnip 如下。

Big Turnip(采用中文儿童歌曲《拔萝卜》的曲调)

Pull the turnip.(前腿蹬,后腿弓,双手做从前向后拉的拔萝卜动作)

Pull the turnip.(前腿蹬,后腿弓,双手做从前向后拉的拔萝卜动作)

Come on,come on,(举右手挥手两次)pull,pull,pull.(做两次拔萝卜的动作)

Come on,come on,(举右手挥手两次)pull,pull,pull.(做两次拔萝卜的动作)

③ 发问讨论。从幼儿自身的经历和感受出发,就故事的主题或内容展开讨论。幼儿可以用中文或英文谈自己的想法。如在讲故事"Does a kangaroo have a mother, too?"前可以提出一系列与主题相关的问题让幼儿来讨论,可提的相关问题举例如下。

a. Do you love your Mum?

b. Does your Mum love you, too? Why do you think so?

c. Does a puppy have a Mum, too?

d. Does a puppy's mother love her baby too? Why do you think so?

(2) 故事的欣赏与理解

幼儿欣赏故事应该在一个放松的气氛中进行。为营造轻松的聆听气氛，教师可以采取一些措施，例如，和幼儿围坐在成一个圆圈，以拉近师幼之间的心理距离；先和幼儿玩一个互动游戏或者打招呼；幼儿的坐姿可以比较随意，允许幼儿手里抱着一个常见的布偶、抱枕或其他质地较软的玩具，以促使他们集中精神安静地听；如果有教师配合授课，可以请其坐在幼儿后面悄悄提醒注意力分散的幼儿。

故事不只是教材里的内容，它也是教师和幼儿沟通的重要方式，教师不仅应将事先准备好的故事讲、演出来，更应该和幼儿一同感受故事并协助幼儿表达个人的情感，让其一同参与到教师讲故事的活动中来。教师在讲故事的过程中可以穿插以下活动。

① 猜接下来的情节。例如，在讲故事"Joseph Had A Little Overcoat"时，当讲到马甲也破旧了，可以提问，"Guess,what did Joseph make out of the vest?"鼓励幼儿猜测故事将如何发展，幼儿可采用英语或母语回答。

② 就故事情节进行讨论。教师可以带领幼儿就故事中的某一幅彩图进行讨论，或问问幼儿的感受，或者停下来请幼儿为故事添加一些内容使之更生动有趣。如在英文故事"Gossie"(见图 5-20)中，当讲到小鹅因为弄丢了红靴子而伤心的时候，老师可以提问，"If you were Gossie,how do you feel? Can you find the red boot in this page?"

图 5-20 图画故事"Gossie"的图画一

③ 和幼儿一起讲故事。

a. 让幼儿边听边随着故事情节进行表演。如讲到 Gossie 每天都穿着它的红靴子做各种事情时，教师可以边讲边和幼儿一起表演；讲到"She wears them when she eats"时，做吃的动作(见图 5-21)；讲到"She wears them when she sleeps"时，做睡觉的动作(见图 5-21)；讲到"She wears them when she rides"时，做骑行的动作(见图 5-22)；讲到"She wears them when she hides"时，双手遮脸做藏起来的动作(见图 5-22)。

图 5-21 图画故事"Gossie"的图画二

图 5-22 图画故事"Gossie"的图画三

b. 引导幼儿一同说出故事中重复出现的拟声词、节奏感强的语句等。如在故事"Big Turnip"中,当小狗、小猫等角色上场时,幼儿已经能够自然而然地和教师一起说出故事中人物拔萝卜时喊的号子:"One,two,three,pull,pull,pull!"

c. 讲故事时故意漏掉一个词不说,用肢体语言表达出来,引导幼儿讲出空缺的词语。如在故事"I Love You"中,语句"I love you."在故事中多次重复。教师可以用手势表达出 I love you 并引导幼儿说出(见图5-23)。

图 5-23 "I love you"手势

d. 将孩子们熟悉的故事中的某个部分稍作改动,让他们指出哪里变化了。

e. 将故事中的相关图片或词卡事先发到幼儿手中,当幼儿听到相关情节或单词时,站起来以示听懂。

此外,教师在讲英文故事的过程中,还应注意通过观察幼儿的眼神来检查他们对故事的理解情况。

(3) 讲故事后的拓展活动(after reading)

① 考察幼儿理解情况的活动。

a. 发问与讨论。当讲完故事后,教师可以通过发问与讨论检查一下初次聆听后幼儿对故事理解的程度。问题应简单、易答,一般用 Who/What 以及 How/Why 等疑问词引导。如果故事较难,则也可以设计一些判断正误类问题,如在对故事"Little Red Riding Hood"(小红帽)提问时,可以这样问:Little Red's father said,"Take these sandwiches to your aunt."True or false?

b. 图片排序。将讲将故事的图片前后顺序打乱,让幼儿依故事内容排序。

c. 找图片。教师或幼儿讲一段故事,请其他幼儿找出相关图片。

② 促使幼儿语言输出的游戏。

a. 按照图片讲故事。抽取故事相关图片,让幼儿讲一讲是关于哪个情节的。

b. 复述(retell)。通常对于幼儿园的小朋友来说复述整个故事难度会比较大。教师可以引导幼儿复述部分内容,如在复述故事"Big Turnip"时,教师可以先说出较复杂,韵律感不强的部分,然后让幼儿说出重复性强的部分。

教师:The turnip is very big now. The man is hungry. He wants to eat it.

幼儿:The man pulls the turnip. The turnip doesn't move.

教师:The man sees a woman. "Come and help!" He says.

幼儿：The woman pulls the man. The man pulls the turnip. The turnip doesn't move.

教师：They see…

幼儿：…a boy. "Come and help!" they say.

幼儿：The boy pulls the woman. The woman pulls the man. The man pulls the turnip. The turnip doesn't move.

……

c. 故事剧场。故事剧场活动是由故事改编的表演游戏，是通过对话、动作、表情来再现文学作品的一种形式。幼儿不仅要表演出故事的情节内容，而且要运用声调、表情、动作来表现出角色的性格和思想感情。它可以促使幼儿进一步熟悉故事的内容，体验故事中各种角色的思想与情感，尤其是对学习运用作品中的艺术语言有十分积极的作用。

幼儿英语故事教学剧本

在进行故事表演活动时，教师应注意如下问题：应根据幼儿的语言能力和性格特点分配好角色，让幼儿全员参与，给每一个幼儿以锻炼的机会，更不要冷落了部分幼儿；如果是分组表演，为暂时不参加表演的幼儿分配一些任务，让其"忙起来"；教师还需要准备一些物质条件，如设计制作合适的头饰、道具、服装、选择配合的音乐等；有条件的幼儿园还可以将幼儿的表演拍摄成童话剧供师生和家长们欣赏，增强幼儿学习的兴趣和信心。

③ 设计关键词汇与句型的学习活动。故事中包含的关键词和句子是教学的重点，因此教师应根据需要设计各种活动已达成教学目标。以故事"Little Tadpoles Look For Mommy!"为例，其词句教学目标如下。

单词：tadpole,goose,fish,tortoise,frog。

句型：

Are you my mommy?

Your mommy has…

活动1　动物模仿秀

目标：tadpole,goose,fish,tortoise,frog。

教师带领幼儿重复练习动物名称后，请一位幼儿到前面来，抽取一张动物图片。看一眼之后用表演的方式将这种动物展现出来，其他幼儿猜这种动物的名字。

关键词汇与句型的学习也可以根据故事编儿歌并表演。

活动2　找妈妈

事先做好动物妈妈卡片和相应的动物宝宝卡片。

找两组幼儿，一组拿动物妈妈卡片，另一组拿动物宝宝卡片。

拿到宝宝卡片的幼儿需要用"Are you my mommy?"的句型问另一组幼儿。被问到的幼儿回答"Yes"或者"No"。母子配对成功的就回到位子上。在游戏中，教师应注意多鼓励、表扬幼儿。

所有图片母子都配成对后，换另外两组。

活动3　我的宝宝在哪里

目标：动物名称

事先做好动物妈妈卡片一套和相应的动物宝宝卡片（每位幼儿一张）。

教师扮演动物妈妈找宝宝。

例如，教师首先扮演鹅妈妈，教师说："I am a mommy goose. I am looking for my baby geese."拿着小鹅卡片的幼儿站起来说："I'm your baby goose."教师之后可以数数站着的幼儿说："I have 5 baby geese."

活动 4　歌谣青蛙妈妈（采用 London Bridge Is Falling Down 的曲调）

Your mommy has a big big mouth, big big mouth, big big mouth. Your mother has a big big mouth. La la la la la.

Your mommy has two big big eyes, big big eyes, big big eyes. Your mother has two big big eyes. La la la la la.

Your mommy has a big white belly, big white belly, big write belly. Your mother has a big white belly. La la la la la.

Your mommy has a green green coat, green green coat, green green coat. Your mother has a green green coat. La la la la la.

④ 其他拓展活动。

a. 为故事配乐，请幼儿和父母一起为故事选配适合的音乐。

b. 设计英文图书角，引导幼儿进行英文绘本故事阅读活动。

c. 设置故事表演区，使幼儿能随时利用服装道具进行自主的表演游戏。

d. 故事图书制作活动：给幼儿提供废旧图书、画报、胶水、剪刀等材料，让幼儿根据自己对故事的理解或想象，剪出相关的图案形象，再现或创编故事等。

四、英文儿童故事赏析

1. Little Tadpoles Look for Mother

The little tadpoles are swimming happily in the pond.

They see mother duck and her babies. They swim up and say, "Mommy! Mommy!" Mother duck says, "Good morning, little tadpoles. I'm not your mommy, your mommy has two big eyes." "Thank you." little tadpoles say.

They see a black fish. The fish has two big eyes. They swim up and say, "Mommy! Mommy!" The blackfish says, "Good morning, little tadpoles. I'm not your mommy, your mommy has four legs." "Thank you." little tadpoles say.

They see a tortoise. The tortoise has four legs. They swim up and say, "Mommy! Mommy!" The tortoise says, "Good morning, little tadpoles. I'm not your mommy, your mommy has a big white belly." "Thank you." little tadpoles say.

They see a goose. The goose has a big white belly. They swim up and say, "Mommy! Mommy!" The goose says, "Good morning, little tadpoles. I'm not your mommy, your mommy wears green coat." "Thank you." little tadpoles say.

They see a frog. The frog has two big eyes, four legs, a big white belly and wears green coat. They swim up and say, "Mommy! Mommy!" The frog says, "Oh, my babies. I'm your mommy."

So finally, little tadpoles find their mother. They are very happy.

童话故事《小蝌蚪找妈妈》是一个充满儿童情趣的作品,作品中围绕"找妈妈"这一线索,展开了小蝌蚪与几种小动物的换位。作品采用复式的结构来串联故事情节类似,类似情节一而再,再而三地出现,每次反复的内容不相同,这样的方式给了幼儿清晰明了的记忆和想象因素,符合学前儿童的思维特点,因而可以很好地为幼儿所接受。《小蝌蚪找妈妈》以童话故事的形式呈现了小蝌蚪的妈妈是谁的科学知识,也蕴含了从小能独立生活、遇事主动探索的道理。

2. Big Turnip

There is a turnip growing in the garden. It's very, very big. Grandpa is hungry. He wants to eat the turnip. He pulls the turnip. He pulls and pulls, but it doesn't move.

Grandpa sees grandma. "Come and help!" he says. Grandma pulls Grandpa. Grandpa pulls the turnip. They pull and pull, but the turnip doesn't move.

They see a boy. "Come and help!" they say. The boy pulls Grandma. Grandma pulls Grandpa. Grandpa pulls the turnip. They pull and pull, but the turnip doesn't move.

They see a girl. "Come and help!" they say. The girl pulls the boy. The boy pulls Grandma. Grandma pulls Grandpa. Grandpa pulls the turnip. They pull and pull, but the turnip doesn't move.

They see a dog. "Come and help!" they say. The dog pulls the girl. The girl pulls the boy. The boy pulls Grandma. Grandma pulls Grandpa. Grandpa pulls the turnip. They pull and pull, but the turnip doesn't move.

They see a cat. "Come and help!" they say. The cat pulls the dog. The dog pulls the girl. The girl pulls the boy. The boy pulls Grandma. Grandma pulls Grandpa. Grandpa pulls the turnip. They pull and pull, but the turnip doesn't move.

They see a mouse. "Come and help!" they say. The mouse pulls the cat. The cat pulls the dog. The dog pulls the girl. The girl pulls the boy. The boy pulls Grandma. Grandma pulls Grandpa. Grandpa pulls the turnip. They pull and pull, the turnip moves.

They eat the big turnip. It's good. They are happy!

《拔萝卜》是一个经典的儿童故事,这个故事选用了幼儿比较熟悉的人物和动物,故事的主要特点是情节有趣单一、语言重复,正好适合幼儿心理需求和语言学习的需要。故事中还体现出了遇到困难要齐心协力互相帮助,人多力量大的教育意义。

3. Guess How Much I Love You

故事讲的是临睡前一对母子的对话,"Guess how much I love you?" "Oh, I don't think I could guess that."……小兔子天真地张开手臂说:"I love you as high as I can reach."(见图5-24)小兔子又倒立起来,把脚顶在树干上,"I love you all the way to my toes."小兔子绞尽脑汁地想了,它毕竟太小了,要想出那么多的比喻和形容,不过总算还是想了出来,"I love you right up to the moon."对于一个幼儿来说,这样的比喻可能是再直接不过的了。接龙游戏似的比喻一个接着一个,天真、智慧,却又是那么温情感人。可是不管小兔子怎么想、怎么说、怎么比喻、怎么形容,它的爱永远也比不过妈妈来得多、来得高、来得远。最后,它终于在一片酽酽的母爱的包裹之下睡去了。"I love you right up to the moon and back."妈妈最后说。小兔子一定睡得很甜,因为它知道这个世界上有一个人更爱它。

图5-24 "Guess How Much I Love You"故事图画

4. Click Clack Moo, Cows That Type

农夫Brown的牛喜欢打字,每天牛棚里都会传出"Click, Clack, Moo."的声音。一天,他在牛棚的门上看到一份留言,上面说牛棚夜里太冷,牛们需要电热毯。Brown拒绝了牛的要求,这不仅引起了牛群的罢工,连母鸡也加入了牛的行列。于是,在中间人鸭子的帮助下,Brown与牛达成了共识,牛群用打字机交换电热毯。令人意想不到的是,鸭子拿走了打字机,也向Brown提出要求,"Dear Farmer Brown, The pound is very boring. We'd like a diving board. Sincerely, The Ducks."(见图5-25)作者以轻快的节奏和浅析的文字描述了一场热闹而有趣的罢工事件。幼儿可以了解到谈判与协商,幽默的结局令人叫绝。Betsy Lewin绘制的图画利用黑色的粗线以卡通式画法勾勒出角色轮廓,农夫草帽映在墙上的红色光影表达了农夫愤怒的情绪。

5. The Very Hungry Caterpillar

一只小毛虫在星期天早上出生了。它好饿好饿!星期一它吃了一个苹果,但它还是饿;星期二它吃了两个梨,但它还是饿;星期三它吃了3个李子,但它还是饿;星期四它吃了4个草莓,但它还是饿;星期五它吃了5个橘子,但它还是饿;星期六它吃得肚子疼了;星期

图 5-25 "Click Clack Moo,Cows That Type"故事图画

日它吃了一片绿绿的叶子。毛毛虫长得又肥又大,变成了蛹,过了两个星期,它蜕变成了美丽的蝴蝶。故事绘本采用了鲜艳的颜色以吸引幼儿的目光。书页的设计呈大小不一。毛虫啃食的地方打有小洞,幼儿的小指可以探进去。通过故事幼儿不仅可以学习数字、星期及水果名称等,也能了解毛虫变蝴蝶的过程,如图 5-26 所示。

图 5-26 "The Very Hungry Caterpillar"故事图画

6. Seven Blind Mice

故事 Seven Blind Mice 以寓言故事《盲人摸象》为蓝本改编(见图 5-27)。7 只瞎老鼠发现了一个奇怪的东西。星期一,红色的老鼠去查探,"是一根柱子"。星期二,绿色的老鼠去查探,"是一条蛇"。星期三,黄色的老鼠去查探,"是一支矛"。星期四,紫色的老鼠去查探,"是一座峭壁"。星期五,橙色的老鼠去查探,"是蒲扇"。星期六,蓝色的老鼠去查探,"是绳子"。星期日,白色的老鼠去查探,它从那个怪东西上下左右跑了一圈,原来那是一头大象。

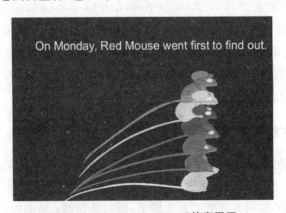

图 5-27 "Seven Blind Mice"故事图画

故事虽然简单却蕴含哲理。幼儿可以通过本故事复习颜色、星期,开始接触第一、第二等序数词。故事绘本以黑色为背景,寓意7只老鼠所"见"到的不过是漆黑一片,而每种颜色的老鼠看到的事物都和他们自己的颜色一样,如红色老鼠看到的柱子是红色的。这也暗示它们都从自己的角度看事情,而真相却不被看到。

7. The Pet Shop

爸爸妈妈带着3个孩子:Chip、Biff和Kipper来到宠物商店。大家都想买宠物,但每个人喜欢的宠物不同,Chip喜欢老鼠,Biff喜欢蛇,Kipper喜欢蜘蛛,这些宠物太不一般了,作者用"'Oh,no!'said everyone."和图画中其他人害怕的夸张表情表示出他人坚决反对买这些宠物。最后,他们选择了大家都喜欢的小白兔(见图5-28)。

图 5-28 "The Pet Shop"故事图画

8. Six in a Bed

故事发生在睡前,孩子们一个接一个地来到爸爸妈妈的大床上,最后连小狗Floppy也跑了上来。故事文字十分简单,只是由越来越多的人名组成。从Mum and Dad到Biff、Kipper、Chip and Floppy。通过图画孩子们可以感受到家庭的温馨和父母与孩子之间的爱(见图5-29)。

图 5-29 "Six in a Bed"故事图画

9. When Sophie Gets Angry

妹妹抢走了Sophie的玩具,又使得她被玩具卡车绊倒。妈妈却说:"It's her turn." Sophie非常非常生气,她大叫着,跑出家门,奔向树林,爬上高树。在树上,享受着微风拂面,欣赏着美丽的大海,她不再气愤。当她平静地走进家门喊道"I'm home."时,她得到了妈妈的拥抱和欢迎,一家人又和和美美。

故事绘本中Molly Bang利用颜色代表Sophie的情绪。当她和妹妹争执时,背景为亮粉色;当她发怒时,为鲜红色;当她心情恢复平静时,背景又变成了蓝色和绿色(见图5-30)。作者以夸张的手法描绘出女孩的不满和愤怒。

图 5-30 Sophie的情绪图画

10. Whose Mouse are You?

故事以"Whose mouse are you?"开头,回答却是没有人。妈妈呢?被猫吞进肚子里。爸爸呢?被陷阱困住了。姐姐呢?离家远行了。弟弟呢?没有出生呢。那该做些什么呢?把妈妈从猫肚子里摇出来;把爸爸从陷阱里救出来;把姐姐从远方找回来;期待妈妈生一个小弟弟。我是妈妈的小老鼠;爸爸的小老鼠;姐姐的小老鼠;弟弟的小老鼠。图5-31所示为小老鼠期待的画面。

故事文字简单易懂,透过旁白与小老鼠一问一答十分流畅。小朋友在朗读时,易于根据角色和情节进行声音和语调的改变。

图 5-31 小老鼠期待的画面

【实训任务】

(1) 观摩幼儿园英语故事教学活动并对活动进行评价。

(2) 进行模拟教学实践。4～5人一组,组员分工合作共同完成确定相关教学目标,选择适当的英文故事,选取适当丰富的教学方法,准备多样的教学组织形式等过程。每组学生安排一个或几个同学将设计好的活动或教学活动在虚拟幼儿园教育、教学活动场景中演示出来。全班同学一同观看,之后是讨论环节,分组进行,讨论后每组派一位学生代表对活动进行评价。主要评价两个方面的内容:一是对"精彩部分"给予肯定;二是指出活动中出现的"弊端"。在评价过程中,既有活动内容的表述,也有根据活动内容进行理性的升华。最后是教师总结。

第三篇

幼儿英语教育评价模块

第六章 认识幼儿英语教育评价

第六章课件

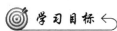

(1) 了解幼儿英语教育评价的概念。
(2) 了解幼儿英语教育评价的作用。

一、幼儿英语教育评价的概念

幼儿英语教育评价是幼儿英语教学活动的重要组成部分。它是指收集幼儿英语教育活动中的各方面信息,并依据一定的客观标准对幼儿英语能力发展状况和幼儿英语教育过程、内容、方法和效果等作出客观的衡量和科学的判定的过程。

幼儿英语教育评价应关注儿童综合语言运用能力的发展过程以及学习的效果,采用形成性评价与终结性评价相结合的方式,既关注结果,又关注过程,从而使对学习过程和对学习结果的评价达到和谐统一。教学评价是一种教学方法、一种教学手段、一种学生成长的记录。要体现评价主体的多元化和评价形式的多样化。有效的评价是能及时调整和改进教学的评估活动。这种评估活动对调控幼儿英语教育活动、激励幼儿学习起到积极的调节和指导的作用。

二、幼儿英语教育评价的作用

以下关于幼儿英语教育评价的观点,你同意几条?在同意的观点后打钩,之后与同学交换意见并讨论。

(1) 幼儿英语教育评价可以判断幼儿英语教育活动开展的结果,检查幼儿英语教育是否达到预期目标。(　　)

(2) 幼儿英语教育评价活动能够帮助教师诊断幼儿英语能力发展情况。(　　)

(3) 幼儿英语教育评价能够帮助教师判断教育过程中的每个步骤是否有效、是否适宜。（   ）

(4) 幼儿英语教育评价活动能够促进幼儿英语能力发展。（   ）

(5) 幼儿英语教育评价活动能够促进幼儿英语教育质量。（   ）

(6) 幼儿英语教育评价活动能够增进教师专业素质。（   ）

(1) 评价是提高幼儿英语教育活动适宜性和有效性的重要手段。评价是一种反馈—矫正系统，它具有检查和改进功能。经过幼儿英语教育评价，获得了反馈信息，教师便能及时发现幼儿英语教育活动中的偏差、问题和不足。教师通过反思，及时总结经验，对教育过程进行整改和控制、纠正偏差，从而提高幼儿英语教育活动的适宜性和有效性并提高教育质量。

(2) 评价是提高幼儿英语能力的重要活动。通过评价，教师可以诊断出幼儿英语能力发展的情况，并能了解特定幼儿群体和个人的学习特点，认识他们的学习兴趣、英语经验及英语能力发展状况。只有诊断所教幼儿在兴趣、个性及能力等方面的差异，并根据这些情况组织教育活动，才能做到因材施教，从而促进每个幼儿英语能力的发展。

(3) 评价是提高教师素质、促进教师专业成长的有效措施。开展教育评价需要教师综合运用学前教育专业知识、英语教育专业知识来审视教育实践活动。在发现问题、分析问题和解决问题的过程中，实现教师的自我成长，提高教师的专业素质。

由于幼儿英语教育和教育评价在我国都是新兴学科，因此幼儿英语教学评价是教学科研的重要内容。教师可以通过学习、研究，制订幼儿英语教育评价方案，从而促进自身专业成长。

由于在幼儿英语教学改革过程中，需要对改革方案、改革实施和改革结果进行评价，因此教育评价对于教师专业成长有着重要作用。与此同时，评价作为深化教育改革的重要措施，起着激励先进、鞭策后进的作用。

思考与讨论

什么是幼儿英语教育评价？其作用有哪些？

第七章 幼儿学习评价和教师教育行为评价

学习目标

(1) 了解针对幼儿进行英语教育评价的类型和注意事项。
(2) 掌握针对幼儿进行英语教育评价的方法和程序。
(3) 了解幼儿英语教育活动中的教师行为进行评价的指标和相关标准。
(4) 能够对照幼儿英语教育活动中的教师行为对教师进行评价,并按照相关标准指导自己的教育行为。

技能要求

(1) 能够运用幼儿英语教育评价的各种方法对幼儿进行评价。
(2) 能够按照幼儿英语教育评价的程序对幼儿进行评价。
(3) 能够对照幼儿英语教育活动中的教师行为进行评价的指标和相关标准指导自己的教育行为。
(4) 能够对幼儿英语教育活动中的教师行为进行评价。

第一节 幼儿学习评价

一、幼儿英语教育评价的类型

第七章第一节课件

思考与讨论

以下活动哪些属于幼儿英语教育评价的范畴?在正确的观点后打钩。

(1) 教师出示闪卡要求幼儿用英语说出卡上显示的物品,并对忘记的和说错的幼儿进行提示和纠正。(   )
(2) 要求幼儿表演英语儿歌,通过观察,适时对幼儿表演进行指导。(   )

(3) 在为幼儿讲解英文绘本时,幼儿就读不懂的地方提问,教师根据幼儿理解情况予以解答。(　　)

　　(4) 教师通过课堂观察,对某一阶段幼儿参与英语教育活动的态度进行记录。(　　)

　　(5) 教师说英文,让幼儿做相应动作,做错的幼儿看到其他幼儿的动作后进行改正。(　　)

以上活动均属于幼儿英语教育评价的范畴。幼儿英语教育评价可分为形成性评价和终结性评价两种类型。

1. 形成性评价

形成性评价可以在教育实施的过程中进行,是一种过程评价。形成性评价构成教与学的活动,并为教与学提供具体而又详细的反馈信息(feedback)。在形成性评价中,反馈信息系统包括4个方面的信息:一是幼儿现有学习情况(Data on the actual level of students' performance);二是幼儿要达到的学习目标(Data on the reference level of performance);三是比较幼儿现有水平和预期目标之间的差距(A process comparing the two levels and generating information about the gap between the two levels);四是达到既定目标所需的途径(A process by which the information can be used to close the gap)。

上述思考与讨论中的活动中哪些是形成性评价呢?

以上活动(1)(2)(3)(5)均属于形成性评价。以第一个活动为例,"教师出示闪卡要求幼儿用英语说出卡上显示的物品,并对忘记的和说错的幼儿进行提示和纠正。"其反馈信息包括4个方面的内容:幼儿现有水平是目前无法用英文正确说出闪卡上的事物;幼儿要达到的学习目标即能够说出闪卡上的事物;幼儿现有水平和预期目标之间的差距是闪卡上事物名称的英文发音和理解;达到既定目标所需的途径是教师的提示和纠正以及幼儿的配合练习。

从上述例子可以看出,形成性评价是贯穿于整个教育活动中,让教师随时了解问题之所在,以便采取有效的调整和改进措施。

形成性评价的主体,既可以是教师,也可以是同学或是学习者自己。在上述"教师说英文,让幼儿做相应动作,做错的小朋友看到其他幼儿的动作后进行改正"过程中,评价活动的主体即幼儿自己。

2. 终结性评价

终结性评价对于同学们来讲并不陌生,每学期的期中、期末考试及阶段性测验都属于终结性评价。终结性评价是指某一阶段教育活动实施后进行的评价。幼儿英语教育终结性评价活动主要包括针对教育目标达成情况的活动,对幼儿进行分项目的等级评定、描述性评价并进行比较全面的总结评价;还包括通过搜集活动的相关资料,对教育的成效作出整体的判断等。

思考与讨论中的"(4)教师通过课堂观察,对某一阶段幼儿参与英语教育活动的态度进行记录。"属于终结性评价。

二、幼儿英语教育评价的方法

1. 观察评价法

在以往的见习或实习活动中,你是如何观察儿童的?做过哪些观察记录?其目的是什么?内容包括什么?

观察评价法是指教师在幼儿英语教育活动中,对幼儿行为表现进行观察,对发生的现象或行为进行记录和分析,以搜集评价资料的方法。观察法应有目的、有计划地进行;可以在自然情景下进行,也可有意识地创设情景进行。通过观察法,教师可以了解教育活动目标达成情况,活动内容、方法和手段是否适宜,以及活动前后幼儿英语方面的变化等。

行为检核和事件详录是常见的观察评价方法。

（1）行为检核

实施行为检核首先要制作行为检核表。将要评价的各个维度预先在检核表中列出。教师通过观察对各个维度进行简单的是与非或行为等级的判断并在表格中做上标记。

构建一个表现性评价的行为检核表通常包括以下步骤。

① 列出需要评价的项目。
② 列出不良表现的特征。（如果没有可以省略。）
③ 采用符合逻辑的顺序（如按照操作的前后顺序）排列上述各项。
④ 提供指导语并在检核表中留出供评价者对每一项进行检核的空白。
⑤ 必要时,在整个检核表的最后留下空间供评价者填写建议。

【任务一】

制作小班英语语言发展检核表并通过观察填写检核表。

参考小班英语语言教育目标,列出评价项目,见表7-1。

表7-1 列出评价项目的小班英语语言发展检核表

认知情况	
情感与态度	
能力与技能目标	

【任务二】

制作小班英语语言发展检核表并通过观察填写检核表。

采用符合逻辑的顺序(如按照操作的前后顺序)排列上述各项,见表7-2。

表7-2　排列各项目顺序后的小班英语语言发展检核表

认知情况	
情感与态度	
能力与技能目标	

【任务三】

制作小班英语语言发展检核表并通过观察填写检核表。

提供指导语并在检核表中留出供评价者对每一项进行检核的空白,见表7-3。

表7-3　进一步完善后的小班英语语言发展检核表

项　　目	分　项　目	是/否
认知情况		
情感与态度		
能力与技能目标		

比较以表7-4与做好的表格,思考哪一个更能够更有效地评价幼儿英语语言发展情况。

表7-4　幼儿英语语言发展检核表(小班)

认知情况		开学	学年中	学年末
区分英语与汉语	尚不能区分			
	能够分辨			
	熟练区分			
用自然的声音学习英语发音	尚未发展			
	发展中			
	熟练			
通过仔细倾听辨别英语的发音	尚未发展			
	发展中			
	熟练			

续表

情感与态度		开学	学年中	学年末
乐意聆听教师和他人说简单的英语	尚未发展			
	发展中			
	熟练			
乐意模仿教师说简单的英语	尚未发展			
	发展中			
	熟练			
喜欢欣赏教师及中、大班哥哥、姐姐表演英语歌曲、英语短剧等	尚未发展			
	发展中			
	熟练			
能力与技能目标		开学	学年中	学年末
能注意倾听教师的英语发音,并能区别英语发音中的差别	尚未发展			
	发展中			
	熟练			
能在理解内容的基础上,跟着教师学一些简单的英语单词和句子,发音自然	尚未发展			
	发展中			
	熟练			
能自然地演唱简单、短小的英文儿歌	尚未发展			
	发展中			
	熟练			
能借助实物、图片、教师的动作、表情,对教师用英语提出的要求做出基本正确的反应	尚未发展			
	发展中			
	熟练			
建议				

(2) 事件详录

在日常教育情境中,借助笔记、录音、摄像、照相等手段,将幼儿的言行或某一具体话语交流活动进行忠实、真实的记录,并对记录进行分析和评价。

2. 测试法

测试法是幼儿英语教育评价的辅助手段。测试可以从听、说、唱、做、演等多个方面进行。通过测试,教师可以获得幼儿英语语音、词汇、句型、对话和交际方面的信息。

(1) 通过表演进行测试

教师规定表演项目包括儿歌、歌曲、律动、故事、英语剧等。通过表演,幼儿可以将学过的词、句、展示出来。教师据此评价幼儿对其所学英语知识的运用情况和表达能力,并进行等级评定或描述性评价。

(2) 通过听做进行测试

听做测试着重考察幼儿的英语语言听力理解。教师发出指令要求幼儿根据指令做相应动作,并根据动作判断幼儿对所学词汇、句型的理解情况。

例如,学完颜色部分,教师可以通过"color the apple red""color the tree green"等指令让幼儿为图画涂颜色,并据此判断小朋友对颜色和 color... 句型的听力理解情况并进行等级评定。

(3) 通过谈话进行测试

通过交谈来考察幼儿就某一话题的听说能力,并进行等级评定或描述性评价。

例如,学完 Farm animals 的部分,教师可以和幼儿一同谈论农场图片,通过"Is this a horse?""Where is the sheep?""What can you see in the pond?""What's this?"等由浅入深的问题引导幼儿多说,且谈话应在自然、轻松、愉快的条件下进行。当幼儿无法理解或无法回答问题时,教师应准备后备问题或予以提示。

3. 档案袋式评价

档案袋式评价是一种综合性的评价方法,是教师在幼儿长期英语学习过程中建立的幼儿英语发展档案,并对档案整理分析后进行评价。

幼儿的英语学习发展档案袋中应存放哪些资料?

学习档案的内容包括收集的观察记录、访谈记录、测试材料、活动案例、幼儿作品、活动照片、录音及录像等。这些资料不仅应涵盖幼儿发展的优势,也应涵盖被认为是幼儿发展不足的部分,为幼儿英语学习各方面发展建立全面的、客观的资料档案,清晰描绘出幼儿英语学习方面进步的轨迹。

4. 问卷调查法

问卷评价法旨在突出英语教育活动评价的多元化。评价者可以根据评价目的面向家长、教师、幼儿制作调查问卷,多方面搜集有关英语教育成效方面的信息。

针对幼儿的调查可以采取访谈的形式由教师或家长代填问卷。这种评价方法使幼儿成为评价中积极的参与者和合作者,有益于幼儿认识自我、树立信心,从而促进其语言能力的不断发展,如幼儿可以回答下列问题。

(1) 你会用英语说 1~10 吗?(☺ ☹)

(2) 你会写字母 A、B、C、D、E、F、G 吗?(☺ ☹)

(3) 你会用英语告诉别人自己的名字吗？（☺　☹）
(4) 你会用英语问别人的名字吗？（☺　☹）
(5) 你会用英语告诉别人自己的年龄吗？（☺　☹）
(6) 你会用英语问别人的年龄吗？（☺　☹）
(7) 英语课上你积极发言吗？（☺　☹）
(8) 你最喜欢哪个英语游戏？（附选项）
(9) 你觉得学英语的困难是什么？

5. 综合等级评定法

教师在对幼儿进行评价时，不仅应依据幼儿的英语语言知识、能力，还应依据幼儿的情感、态度、认知、运动、社交技能以及行为表现等因素来进行综合评定。

教师在进行综合等级评定时，需要填写等级量表。尽管不同类型的等级量表的格式会有一些变化，但是一般说来，都应包含两个基本构成要件：①进行评价的操作指标；②质量等级。（教师在评价时，只需在相应的格子中画钩即可。）

表 7-5 为讲完 Family 主题后，教师制订的等级量表。

表 7-5　综合等级评定表

评价项目	评价指标	质量等级			
		A	B	C	D
语言技能(30%)	问候教师、父母、同学				
	自我介绍				
	告别				
认知、运动、社交技能(50%)	根据听到的单词指认图片				
	两人一组做游戏				
	听指令，画爸爸或妈妈				
	有节奏地唱一首英语歌				
	能理解简单的课堂指令				
情感、态度(20%)	参加课堂活动				
	学习英语的兴趣				

综合评语

注：A＝10；B＝8；C＝6；D＝4。

当制作等级量表时，首先要先确定评价的内容，然后考虑该从哪几个方面进行评价。其次，要确定分几个等级并给出分数，说明每一级的分数的具体含义。最后，要确定每一项的各级评定标准（见表 7-6）。评价者可根据量表给幼儿打分或评级，最后汇总得出总的评价结果。等级量表要简明扼要、便于操作，切忌烦琐。

第七章评价

表 7-6　每项的各级评定标准表

评价指标	评定标准			
	A(10)	B(8)	C(6)	D(4)
问候教师、父母、同学	语句清晰、完整,语音准确,能配合情景运用多种句型,能够主动问候他人,能对他人主动提出的问候做出积极反应	语句完整,语音比较准确,能配合情景运用有限句型,能对他人主动提出的问候做出及时反应	语句比较完整,语音尚可分辨,掌握问候语言单一,不能配合情景运用句型,对他人主动提出的问候反应迟钝	语句不够完整,语音不准确,需旁人提示方可完成问候,不能对他人主动提出的问候做出反应
自我介绍	语句清晰、完整,语音准确,介绍内容全面丰富	语句完整,语音比较准确,介绍内容比较全面	语句比较完整,语音比较准确,只能介绍名字	语句不够完整,语音不准确,需旁人逐词提示方可进行简单介绍或不介绍
告别	语句清晰、完整,语音准确,能运用不同表达法,能够主动向他人告别,能对他人主动提出的告别做出积极反应	语句完整,语音比较准确,偶尔能运用不同表达法,能对他人主动提出的告别做出及时反应	语句比较完整,语音尚可分辨,能够运用的告别语言单一(如Bye-bye),对他人主动提出的告别反应迟钝	语音不准确,不能对他人主动提出的告别做出反应,需旁人提示方可完成
根据听到的单词指认图片	听到的单词指认图片快速、准确率高	听到的单词指认图片偶尔有犹豫,准确率较高	听到的单词指认图片比较犹豫,准确率较低	听到的单词指认图片犹豫或不反应,准确率低
两人一组做游戏	按照游戏规则,积极配合进行游戏。游戏过程中能够运用英语且用语完整、清晰,少有错误,语音准确	按照游戏规则,配合进行游戏。过程中能够运用英语且语句较为完整,偶有错误,语音比较准确	按照游戏规则,进行游戏,偶尔需要教师指导。游戏过程中语句不够完整,错误较多,语音比较准确	需要在教师指导下进行游戏。游戏过程中不能运用英语
听指令,画爸爸或妈妈	配合指令作画,完成准确、迅速	配合指令作画,完成较为准确,速度较慢	配合指令作画,完成不够准确,速度缓慢,偶尔需要教师帮助	不能配合指令作画,需教师帮助完成
有节奏地唱一首英语歌	唱词正确、完整。口齿清晰,发音准确、流畅	唱词基本正确,基本完整。口齿较为清晰,发音较为准确,偶有哼唱	唱词有错误,不够完整。口齿不清晰,发音不准确,哼唱部分较多	唱词无法分辨。口齿不清晰,哼唱
能理解简单的课堂指令	听到指令做出反应、快速、准确	听到指令偶尔需参照其他幼儿做出反应,较为快速、准确	听到指令需教师提示或参照其他幼儿做出反应,反应较慢,多数正确	听到指令不做反应、需教师提示
参加课堂活动	主动积极	一般参与	消极参与,需要教师经常提示、指导	不参与
学习英语的兴趣	兴趣浓厚	较有兴趣	偶有兴趣	没兴趣

三、针对幼儿进行英语教育评价的程序

1. 确立评价指标

确立评价指标是教育评价的最关键步骤,它决定着评价结果的科学性和真实性。

要确立评价指标,首先要明确评价内容。对儿童的评价内容主要包括针对教育目标达成的评价和儿童参与活动程度的评价。

幼儿英语教育的目标包括 3 个方面:情感与态度目标——幼儿对英语活动的兴趣、态度目标;认知目标——语言知识、发音、词汇、句型掌握的目标;能力目标——运用所学语言知识进行对话、交际的目标;配合语言目标——针对目标达成的评价也涉及以上 3 方面的内容,即对情感目标达成情况的分析评价,对认知目标达成情况的分析评价和对能力目标达成的分析评价。

幼儿英语教育活动的真正成效在于促进幼儿积极主动地参与到听与说的活动中来,并在活动过程中,培养幼儿强烈的学习动机和浓厚的兴趣。因此,对幼儿参与活动程度的评价是非常重要的。

明确评价内容后,教师即可据此确定评价项目和评价指标。

2. 设计评价活动

从评价指标出发,设计与评价项目相适应的评价活动。如评价幼儿对单词或句子的理解能力可以采取听做活动;评价幼儿说的能力可以采取表演活动;评价幼儿用语言进行交际的能力可以采取对话活动等。此外,需要注意将形成性评价与终结性评价有机地相结合,将定性与定量的方法相结合。

3. 收集和分析反映幼儿英语学习过程和结果的资料

将收集到的观察记录、访谈记录、测试材料、活动案例、幼儿作品、活动照片、录音及录像等评价信息进行整理,结合特定的评价活动进行分析,对幼儿英语学习情况作出客观描述。在给家长的分析报告中,除了客观描述的部分,还应提出家园共育的建议,针对家长和幼儿必要的激励性语言也是很重要的。

四、幼儿英语教育评价的注意事项

(1) 全面了解幼儿的发展状况,防止片面性,尤其要避免只重知识和技能,忽略情感、社会性和实际能力的倾向。

(2) 在日常活动与教育教学过程中采用自然的方法进行。平时观察所获得的具有典型意义的幼儿行为表现和所积累的各种作品等,这些都是评价的重要依据。

(3) 承认和关注幼儿的个体差异,避免用划一的标准评价不同的幼儿,且在幼儿面前慎用横向的比较。

(4) 以发展的眼光看待幼儿，既要了解现有水平，更要关注其发展的速度、特点和倾向等。

【实训任务】

(1) 运用观察法对幼儿英语教育活动中的幼儿学习情况进行评价。

(2) 协助幼儿园英语教师建立幼儿评价档案。

(3) 配合当前实习或见习班级英语教育主题，在教师的指导下，以小组合作的形式制订等级量表，并利用量表对幼儿进行测试。

第二节　教师教育行为评价

对教师教育行为的评价包括对英语教育活动的评价和对教师素质的评价。

第七章第二节课件

一、对英语教育活动的评价

对英语教育活动的评价主要包括对教育活动目标、教育活动内容、教育活动方法、教育活动手段、教育活动组织和师幼互动情况的评价。

1. 对教育目标的评价

当对教育目标进行评价时，需要分析教育目标是否符合幼儿的身心特点和实际需要。幼儿英语教育活动目标应与幼儿英语教育总体目标为依据；应符合本班幼儿的实际情况。目标应明确，包含情感态度目标、知识目标和能力目标。

2. 对教育活动内容的评价

对教育活动内容的评价重点考察内容选择、组织排序及要点间的衔接。教育内容选择应依据教学目标来进行选择，且难易适度、分量合理、符合科学性和思想性的要求；内容组织应调理清晰、主次分明、重点突出；各要点的衔接应自然流畅、符合逻辑。

3. 对教育活动方法的评价

对教育活动方法的评价，重点考察方法是否科学合理、有效支持幼儿学习。方法的运用需灵活、多样；应选择游戏法、TPR教学法、交际法、任务教学法等适应幼儿的外语学习特点的教学方法。在活动中自然渗透语言知识，在语境中培养语言运用能力，从而培养幼儿创造性运用语言的能力；应激发幼儿学习兴趣，调动幼儿学习的积极性和主动性；有艺术性教学体现。

4. 对教育活动手段的评价

对教育活动手段的评价，重点考察操作材料是否适合活动内容和幼儿实际水平；教具能否辅助幼儿英语学习,是否有利于英语教育活动开展;教具出示的时机是否合适;玩教具是否具有可操作性、灵活性以便于幼儿操作和再利用;自制玩具、教具是否符合科学性、艺术性、形象性和环保要求;合理使用多媒体手段。

5. 对教育活动组织的评价

对教育活动组织的评价,主要考察、分析活动组织形式、教育活动各环节的设计与连接、教师的应变能力等。幼儿英语教育活动形式应灵活,可采取全体、分组和个体活动相结合的形式;在分组时,应考虑幼儿的情感因素和人际关系等;活动过程中应体现因材施教;教育活动各环节应设计合理、衔接紧凑、节奏适中;教师能够随时合理利用教育机会、随机应变,并能够对教育活动进行调整。

6. 对师幼互动情况的评价

对师幼互动情况的评价,主要考察整个活动中是否体现了以教师为主导、幼儿为主体的原则。师幼之间应密切配合,教师情绪饱满,幼儿积极主动,且幼儿的非智力因素能够得到充分调动。

二、对教师素质的评价

对教师素质的评价指标可参照第一篇第二章,学前英语教师应具备的知识、能力、素质。表 7-7 为幼儿英语教育活动评价表。

表 7-7　幼儿英语教育活动评价表

评价项目	评价指标	评		分		得分
教师素质 (30分)	态度:仪表端正,教态自然,注重育人	10	8	6	4	
	业务能力:语音准确,语调自然;课堂英语熟练,普通话准确,教学语言得体;演唱、表演基本功扎实	10	8	6	4	
	组织能力:组织能力和应变能力强	10	8	6	4	
活动过程 (60分)	活动目标:面向全体幼儿,体现素质教育,体现幼儿英语教育总体目标,面向幼儿实际	7	5	3	1	
	活动内容:结构合理,层次分明,内容衔接自然	6	4	2	0	
	活动方法:在活动中自然渗透语言知识	6	4	2	0	
	活动方法:在语境中培养语言运用能力	6	4	2	0	
	活动方法:激发幼儿学习兴趣,调动幼儿积极性	6	4	2	0	
	活动方法:培养幼儿创造性运用语言的能力	6	4	2	0	
	活动方法:有艺术性教学体现	6	4	2	0	
	活动手段:有效运用教具、学具,教学直观性强	6	4	2	0	
	活动组织:教师角色正确、得体,教法灵活,活动形式生动活泼	6	4	2	0	
	师生互动:师生配合默契,教学活动顺利	5	4	2	0	

续表

评价项目	评 价 指 标	评		分		得分
教学效果 （10分）	幼儿积极学习,语言实践量大、面宽	5	4	2	0	
	各层次幼儿都学有所得,教学实效性强	5	4	2	0	
综合评语						

【实训任务】

利用本章知识对教师教育行为进行评价,制作幼儿英语教育活动评价表,评价幼儿园的一次英语教育活动。

第四篇

英语环境创设模块

英雄不气馁，大侠勿丧胆

第八章 幼儿园内英语语言环境的创设

第八章课件

影响儿童获得语言的因素,既有先天的语言能力,也有后天的语言学习,但对于一个正常的幼儿来说,后天的语言学习因素更为重要,且环境因素对幼儿语言的获得具有决定性的作用。有研究证实,人类在幼儿期获得的所有语言都储存在大脑的同一部位,而成年人获得的外语则储存在与母语不同的大脑部位。所以,幼儿学习外语是具有一定优势的,而且这一时期掌握外语与掌握母语具有相同的生理机制,因此语言环境在幼儿语言获得上具有极为重要的作用。幼儿英语教师应在教学实践中努力为幼儿创设接近自然的第二语言环境,让幼儿在这样的英语语言环境里自然习得英语。因而,创设良好的英语语言环境也就成了幼儿英语教育的关键。幼儿的语言是在与环境、材料的互动中习得的,丰富有趣的第二语言环境能充分调动幼儿学习英语的积极性。幼儿教师应该依据教学目标和幼儿心理特点,因地制宜地创设英语教育环境,让幼儿在幼儿园内外的上课、游戏和日常生活中对英语产生兴趣,从而渐渐习得第二语言。本章将从幼儿园内英语语言环境的创设和幼儿园外英语学习氛围的创设两大方面进行具体的阐述。

幼儿园环境,被很多教育家冠以了很多称呼,像"隐性的教育""无声的教育"等。确实,环境作为一种重要的教育资源,在幼儿园的教育过程中起着很重要的作用,是不容忽视的。幼儿园是对幼儿进行预备教育,使其养成良好的行为习惯、具备初步的自然与社会常识、身心得以健康发展的学前教育机构。幼儿园的用房包括活动室、盥洗间、储藏室、卧室、厨房、各类教室等,室外有各类活动场地及设备。幼儿在幼儿园里的生活与学习主要都是在这些环境里展开的,如何有效地利用这些资源来创设良好的英语语言环境呢?

第一节 视觉英语环境的创设

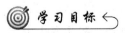

(1) 了解视觉英语环境创设所涉及的内容。
(2) 能独立或与团队合作创设幼儿园视觉英语环境。

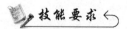

熟悉并能熟练地、创新地运用一切素材创设幼儿园的视觉英语环境。

如果你是幼儿园的一名英语老师,你打算怎样布置你们幼儿园的英语角?

正如皮亚杰认知学说所提出的观点,幼儿是用"行动"来思考,是靠"感官"来学习的;"知识"若不是经过幼儿的"亲身体验",就不能成为真的知识。由此可见,视觉英语环境的创设是十分重要的。

一、教室环境的创设

教室是幼儿学习英语的主要场所,创设一个理想的英语教学环境,可以起到非常好的启发、引导幼儿进行语言学习的效果。

凯斯教学情境布置物实际运用介绍

1. 墙面及天花板的布置

充分发挥教室墙面和天花板的教育功能。教室的墙面及天花板的布置可以结合幼儿的认知特点,围绕学前英语教育的整体目标来进行。

教师可配合当下英语教育活动的教学目标和教学内容,布置墙饰并配上解说的英文,进行一个英文主题环境创设。

例如,在进行与天气、季节相关主题的英语教育活动后,教师可在教室门上挂上一个会说"Welcome to English Class"的卡通人物。这个卡通人物让幼儿自己来挑。教师可多备几个卡通候选,让幼儿自己来决定哪个卡通人物代表晴天、哪个代表雨天等。当制作卡通人物时,注意将其代表的气象及其英文单词融入图画中,这个制作过程也应让幼儿参与进来。做好后,教师应随着天气的变化或季节的交替来更换教室门上的欢迎卡通图。由于幼儿们参与了整个欢迎卡通的挑选和制作过程,因此会在不经意中识记气象和英文单词,一旦天气变化,还会注意到老师是否更换了卡通图,同时英语教师也可结合天气变化教给幼儿一些自然及生活的简单常识,即使用英语表达,幼儿也能与情景结合,逐渐理解。当然,欢迎卡通图也可以匹配其他方面的主题,如星期、月份等。

教室内的墙面布置尽量与英语教育目标和教育内容结合进行创设。这样图文并茂、色彩绚丽的墙饰能给幼儿以直接的感官刺激,激发他们的想象力和学习英语的积极性。当然,制作过程也要让幼儿参加进来,教师引导幼儿用语言表达他们的所见所感。幼儿太小不会画、不会做手工,老师可边画、边做、边讲解。这样的参与体验能让儿童牢记所学的英文,同时也锻炼了他们的思维、动手等各方面的能力。

例如,要学习各种交通工具的英文。教师可引导幼儿回忆他们和家人在街上的情景,罗列所见过的交通工具,同时借助教室配备的电教设施播放与交通情景一致的录像或图片,然后让幼儿们自己设计一个交通图墙饰。教师可根据幼儿的口述进行墙饰布置,在此过程中,注意提醒一些交通安全常识,并邀请、鼓励幼儿们协助老师完成墙面布置的任务。最后,还可让幼儿设想未来世界的交通工具,动手能力强的幼儿可将其想象的交通工具添在墙饰中。通过这些游戏教学活动使幼儿习得交通工具英文单词和交通规则常识。

教室的装饰应尽量设计成与英语教学内容相应的情景、语境,这样提供给幼儿们生动的环境刺激,使其喜欢听英语、主动讲英语,通过利用墙饰使幼儿联想到生活,在生活中又能联想到所学的英文,以使英语课上所学的英文知识真正为幼儿获得。

(1) 幼儿园教室英语环境的布置应与教育目标和内容相一致,布置的具体过程应鼓励幼儿全程参与,只要在幼儿的能力范围之内的活动,就让他们自己完成,充分调动孩子们的主观能动性和挖掘他们的创造力。

(2) 教室的墙面和天花板装饰要定期更换。每期的墙饰不必过于繁复,但要依据幼儿的心理特点并结合幼儿英语的教学要求设计,以便使墙饰能真正起到帮助幼儿习得英语的辅助作用。

2. 活动区环境的创设

游戏作为幼儿的基本活动,是幼儿的主要学习方式。因此,幼儿园都设有活动区,如玩具区、认识区、小制作区、阅读区、音乐区、游戏区、表演区等,让孩子们在玩中学、动中学。英语教师可将蕴含教育目的的各种活动材料投放到活动区,需要注意的是,投放的英语材料要符合幼儿年龄特点、心理特点、幼儿的实际英语水平、实际需求等方面的要求。同时,需选择与之相适应的布置,并注意留给幼儿足够的尝试和参与的空间,从而保证英语材料丰富多彩且富于变化。

例如,在阅读区,教师可结合幼儿的实际情况,准备一些图文并茂的英语连环画,引导幼儿自主阅读。在制作区,教师可以要求幼儿用生活中的一些废旧物品为材料,如纸板、布条制作出不同颜色和形状的 26 个字母的骰子,通过掷骰子的游戏形式来复习这些字母。在表演区,教师可指导幼儿将学过的英语小故事中的角色做成图卡或头饰等,将表演区分为几个区域并绘上几个故事的背景。在活动时,让幼儿选择自己中意的角色,拿着图卡或戴着头饰,在故事背景画前讲述表演。同样,教师还可将表演区设置成餐厅、公交车站、超市、娃娃家、医院等场景区,投放一些幼儿可使用的实物,指导其进行情景模拟游戏,达到学以致用的目的。

教师还可在教室中创设英语角作为幼儿学习英语的独立区角。如图 8-1 所示,区域的主题为孩子们喜爱的蛇博士形象,整个区域包括 3 个部分:倾听区、阅读区、绘画区,教师将卡片和光碟布置在方便幼儿取放的较低位置,孩子们在区域活动时可自由播放英语光盘、取放卡片,从而真正使幼儿成为活动的主人。教师还将英文字母辅以具体的动物和果蔬图案,将幼儿作品布置在绘画区,三位一体的区域设置,深受幼儿喜爱。(设计来自苏州外语学校附属幼儿园。)

图 8-1 英语角

(1) 活动区要为幼儿提供充分发现和探索的空间,使幼儿在快乐宽松的氛围中,通过与环境、材料、同伴、教师间的互动来完成游戏和学习。

(2) 活动区的游戏应为幼儿主动建构创造条件,并能够提高幼儿解决问题的能力。

(3) 活动区内的游戏由幼儿自主、自愿、自选参加,教师可进行个别辅导。

二、幼儿园公共环境的英语环境创设

此处的"幼儿园公共环境"界定为幼儿园内除各个班级、教室以外的其他公共集体活动场所,包括户外活动场地、走廊、门厅、多功能厅、卫生间等共享区域。在这些公共区域进行双语环境创设,潜移默化地影响幼儿的汉语和英语的习得。

1. 利用门厅

教师可以在门厅开辟英语海报区,将近期重大活动儿歌、故事、图片、图画等幼儿能够接受的、喜闻乐见的形式制作成英语海报,让家长和幼儿感受英语氛围,如图 8-2 所示。

2. 利用走廊

利用走廊墙面可以拓宽幼儿英语知识,增加幼儿无意习得的机会。幼儿园的每条走廊、每面墙都会说话,都具有教育意义。

在走廊设置的作品展示区,可以以春天或海底世界为大背景,张贴或悬挂幼儿的作品,

第八章 幼儿园内英语语言环境的创设

图 8-2 英语海报区

图片来源：http://www.gaofen.com/article/149331-4.htm

并在每个作品上用彩色标出中、英文主题。

要求孩子们上、下楼都靠右，可在楼梯台阶上分上、下两边印上小脚印，上的脚丫旁边写上中英文的"上"和"Go upstairs"，同理，下的脚丫旁边写"下"和"Go downstairs"。也可在楼梯上印英文字母、数字，提醒孩子们一些小知识，如图 8-3 所示。

图 8-3 在走廊设置的作品展示区

3. 利用其他公共环境

（1）教师可在幼儿所见的各种物品、所用的各类设施上贴上彩色的双语标签，让幼儿在幼儿园里能强烈地感受到浓厚的双语交际氛围，在一次次的识别和体验中获得语言信息，并在这潜移默化地熏陶中习得中英文。

（2）教室门外贴上"Pull"标志，门内贴上"Push"标志。

（3）在寝室的门上可贴个噘嘴的小孩，画旁夸张地写着"嘘……"和"Be quiet."，提醒幼儿在此处要保持安静。

（4）在卫生间水龙头上方可以贴上幼儿关掉水龙头的图片并提示："Close the tap before you leave."和"节约用水！"

（5）在滑梯上贴上"No pushing."等。

小贴士

（1）幼儿园公共区域的英语环境创设要注意选用亮丽的色彩，并结合活动主题、季节变更等情况更换装饰，以符合实际情况。另外，色彩的运用还可以与重要节日、主题活动、季节等相统一。如在春节来临之际，多采用大红、金、黄色来制造出热闹喜庆的氛围；在圣诞节时，可用白、绿、红色营造浪漫温馨的气氛，并在节日的特色事物旁加注中英文名称。

（2）幼儿园公共区域的英语环境创设还应鼓励幼儿加入。在这创造过程中，教师可以不失时机地边做边启发，教授幼儿中英文表达，这样既锻炼了幼儿的动手、动脑能力，还能边玩边学，印象深刻。例如，过圣诞节时，教师可引导幼儿用废旧物品来制作圣诞树。树上的装饰品也由幼儿来完成，并帮助他们给饰品做中英文名称的标识。

【实训任务】

教师将同学分组，请每组选取一个重要的西方节日。假设幼儿园里要庆祝这个节日，请同学们设计幼儿园里的视觉环境。

第二节　听觉英语环境的创设

学习目标

（1）了解听觉英语环境创设所涉及的内容。
（2）熟悉幼儿园教学及日常生活英语。

技能要求

能流利地、恰当地用英语上课，并能在幼儿园内外用英语交流。

思考与讨论

你认为幼儿园的英语老师应具备怎样的英语口语水平？

一、英语教育活动教师用语英语化

幼儿园专门的英语教育活动是幼儿系统地学习英语的主要场景,在英语活动实施过程中,教师应始终用英语贯穿课堂,用英语组织课堂活动、设计英语游戏,且英语教学内容应与日常生活相互融合,以使幼儿对英语产生兴趣,并积极地加入英语的学习活动中来,从而形成直接用英语进行思维的习惯,在潜移默化的情况下习得英语。当然,幼儿英语教师对于某些难以解释的部分或跟主要学习内容无关的部分也可以用中文解说。

幼儿英语活动全英化可摆脱传统的一句英语一句中文的翻译式教学,但教师也不能滔滔不绝地说英语,以免幼儿什么也听不懂。课堂用语要先易后难,并结合动作、表情、简笔画、图片、实物等帮助幼儿理解英语的意思,如此往复,重复上几遍,幼儿就知道该怎么做了。

例如,教师训练幼儿按字母表顺序记忆字母的游戏。可先把字母卡片或积木发给幼儿。然后,说出一个字母,如"C",让拿 C 字母的幼儿站出来,教该生说:"I am C. Who is after me?"教师就暗示持 D 字母的幼儿站在其后,教该幼儿说:"I am D. Follow me, please."这时,教师可暗示持字母 E 的幼儿站在其后,然后让该幼儿挑一种英语指令,以此类推。如此重复几遍,幼儿们练得比较好了,教师可以换句英文,如"I am H. Who is before me?"这样设计英语游戏,既能将所学的英语字母复习了,还能知道 before 和 after 所指为何,让所有的幼儿都参与到实践运用中来,从而提高其英语教学效果。

幼儿英语教师必须掌握好幼儿英语教学常用口语,勤加练习,并能够高效灵活地运用到幼儿英语教学实践中来。

二、幼儿园日常生活中英语的交流

幼儿如果不连续、经常地受到语言刺激,学过的东西便极易忘记。幼儿园的幼儿几乎不离开教师的视线,教师可用英语来组织幼儿园内一日生活的各个环节,从而提供一定的英语交际环境。日常生活中的很多事情都是课堂学习内容的再现,教师可充分利用生活中的点滴事情,引发幼儿用英语交际。

例如,早晨入园时,教师可用英语与幼儿互相打招呼,"How are you? I am fine. May I come in? Please come in, say 'Good-bye' to your father/mother."当吃水果、点心时,可边吃边启发幼儿用英文介绍自己吃的水果的名称、颜色、形状等,在这样轻松愉快的进餐环节中巩固所学,效果更佳,并能使幼儿的英语口语更加生活化,使其自然地、潜移默化地习得英语。在做课间操时,教师用英语发出指令,训练幼儿听口令做相应动作,如"Line up, please!" "Attention please!" "Look to the right/left." "One step forward/backward!"

"Two/three lines, please!"等。在组织游戏活动时,教师应尽量多用英语进行各种对话、角色安排,激发幼儿参与英语活动以及运用英语进行口语交际的动机。在做游戏时,教师马上点拨用英语怎么说,游戏反复进行,直到所有的幼儿都练习,以此加强口语训练密度。如此一来,幼儿参与游戏的兴致特别高,并在游戏中体验到了成功的愉悦,这种愉悦感使幼儿对英语产生了无止境的渴求,更有利幼儿的口语能力的提高。

对于那些不愿说英语的幼儿要耐心,教师不能使用强制性的语言,而应适时地用口头表扬、暗示及肢体语言来鼓励幼儿说英语。教师可经常表扬、鼓励幼儿说:"Well done!""I'm proud of you!""You can do it!""Keep trying!""We did it""Good work!""You are clever!""Wonderful!""That's it!"或和幼儿击掌鼓励说"Give me five""Give me ten"等。赞扬和鼓励在增强幼儿自信心同时,也激发了他们的学习热情和学习兴趣。幼儿会从起初的害怕张口,到渐渐融入课堂,最后真正地愿意参与到教师的教学中。这样,不仅可以活跃课堂气氛,而且能使园中"讲英语"的氛围更加浓郁,让幼儿在良好生活气氛中感知体验英文的妙用,从而自然而然地习得、运用英语。

幼儿教师在一日生活中应有意识地多使用简单的幼儿已经学过的英语。教师还需在幼儿的游戏、生活中,结合英语课上所学的英文表达,反复重复、反复使用,从而使幼儿意识到所学英文的实用交际性,产生开口说英文的愿望。

三、有效利用在园时间

幼儿园还应有效利用孩子们的在园时间,从听觉上加强对幼儿进行英语教育,园内的英语广播就是一种行之有效的方法。

园内的英语广播一般都在课外活动时间播出,如早上的入园时间、课间休息和课后活动时间等。节目内容可包罗万象、各种各样,如天气预报、儿童英语歌、儿歌、小故事、日常对话录音、儿童短剧、幼儿英语课文朗读等。这样,幼儿就会时时刻刻在英语课外感受到浓厚的英语学习氛围,从而意识到英语的交际性,并在不知不觉中渐渐习得英文。

英语广播的节目内容要与不同年龄、班级的英语教学紧密结合,并适时地编排广播节目。

【实训任务】

教师将同学分组,每组自行选择一个幼儿英语课的教学主题。要求每组同学依据此主题从视觉和听觉两大部分进行英语环境的创设。待完成后,请每组同学来展示,并加以讲解。最后,全班同学及教师进行讨论、评价。

第九章 幼儿园外英语学习氛围的创设

第九章课件

学习目标

（1）了解幼儿园外英语环境创设所涉及的内容。
（2）会创设幼儿园外的英语学习环境。

技能要求

（1）会指导家长为幼儿营造良好的英语学习的家庭氛围。
（2）能与幼儿家长就幼儿的英语学习进行有效沟通，充分利用社会资源拓宽幼儿的英语实践机会。

英语是一种交际手段，它是在不断地听、说、模仿、阅读等使用中得到提高的。幼儿如果只在幼儿园内接触英文，而没有一个持续、常态化的语言环境刺激，学过的英语就会很快地忘掉。幼儿英语教师不仅要抓紧幼儿在幼儿园内的英语训练，还应与家庭和社会多联系、沟通，构建幼儿园外的幼儿英语学习环境。

第一节 注重幼儿园与家庭的协调

幼儿英语教师要注重与家庭保持密切的联系，鼓励家长多多关注幼儿的英语教育。教师要让家长们了解幼儿英语学习的目标是发音清晰、准确，学到最基本、最简单的和日常生活经验相关的词汇、句型和用语，并应加强对幼儿的英语学习兴趣和良好的学习习惯的培养。幼儿园可协助家长在家庭生活中有意识地为幼儿创设良好的英语环境。幼儿园可开辟一个亲子英语活动栏。其中，内容可以包括幼儿英语理论、理念、家长辅导幼儿英语的具体做法指导和亲子英语训练内容等。教师可以把与日常生活紧密联系的单词和对话相结合，编成情景会话，鼓励爸爸妈妈和孩子一起学习，并在家庭生活中勤加练习，一个月更换一次内容。例如，我的身体、水果、交通工具、关于姓名、天气的询问都是生活中常见的内容和交往的简单对话，并有机会在生活中使用。指导家长要抓住生活中每一个机会渗透，以培养幼儿英语学习兴趣。教师还需引导家长在家充分利用电视、计算机等资源,让幼儿在家也多听、多学发音纯正的优秀幼儿英语材料,在生活中适时实景地与孩子用英语交谈。同时,要让家长认识到,在学习英语的过程中,犯错是正常的,不能因此而训斥幼儿,而应在言行上多表扬、多鼓励引导孩子讲英文。幼儿园还可统一制作色彩绚丽的卡通《宝宝英语学习进度表》。要求教师每周提前将本周教学内容填写张贴或印发给家长们,使家长了解幼儿在园内所学内容,便于他们与教师就幼儿的英语学习情况进行有针对性的交流,也利于家长在家对幼儿进行辅导、课前准备和课后运用。

幼儿园不仅需协助家长在家辅导幼儿习得英语,还应邀请家长参加园里的亲子活动,充分发挥家长的优势。如教师可以鼓励家长在每天送幼儿来园或接幼儿离园时用英语与幼儿交流,并进行互动式亲子学习。在特殊的节日里或当园内举办活动时,邀请家长与幼儿一起参加英语活动,增加家长对幼儿英语教学的感性认识,从而增强其对幼儿进行英语教育的意识,同时使其更积极地参与到幼儿英语学习中来。

第二节　利用社会资源

幼儿园教育不是孤立的,它与整个社会和自然等大环境都密切相关,幼儿英语教师要努力利用社会资源为幼儿提供良好的英语学习环境。例如,当两个幼儿园距离较近时,不同幼儿园之间的英语教师可联合起来举办英语活动,让不同幼儿园中的幼儿以表演、展示、游戏等方式进行英语交流并加以适当的评比、奖励。有的幼儿园地处社区活动区旁边,教师可在西方的节日,邀请社区中的外籍友人和儿童一起与幼儿过节,并请他们给宝宝介绍西方国家的过节风俗,特别请外国小朋友介绍节日活动,鼓励幼儿与外国儿童交流,以唤起孩子们的好奇心和学习英语的兴趣。幼儿教师可发掘一切社会资源,开展系列活动为幼儿提供走进社会、用英语交流的交际环境,以此促进幼儿英语习得。

小贴士

家庭是幼儿离园后的主要活动范围,幼儿英语教师日常要善于同家长沟通交流:一方面认真听取家长对幼儿英语学习的意见和建议;另一方面给家长讲解一些幼儿英语学习的基本规律,争取家长的配合和参与。

思考与讨论

你认为幼儿园外英语学习氛围的创设应包含哪些方面?怎样开展幼儿园外的英语学习活动?应该注意哪些方面?

拓展阅读

教师的肢体语言的运用

肢体语言又称身体语言,是指使用头、眼、手、足等人体部位的协调动作来代替或辅助声音、口头言语或其他交流方式来形象地表情达意的一种交流方式的一个术语。美国心理学家艾伯尔·梅柏拉研究表明,语言信息传递的总效果=7%的文字+38%的有声语言+55%的肢体语言。由此可见,肢体语言也是成功实现幼儿英语教育目标的途径之一,在幼儿英语教育中起着举足轻重的作用。因此,幼儿英语教师应在英语活动过程中巧妙地运用肢体语言,充分发挥其积极作用。

(1) 直观、夸张的动作可以让幼儿在轻松愉快、动静结合的环境下习得英语,让英语学习变得不再枯燥乏味、难以理解。

例如,学习英语单词 walk,run,jump 时,教师可边放每个动作的示意图,边在旁边表演出来,嘴里大声念着单词,如此往复几遍后,不用多加解释,孩子就知道每个单词表示的意思。在练习时,教师只要做走路的姿势,幼儿就会说 walk;做跑步的动作,幼儿就会说 run;演示双脚跳的动作,幼儿就会说 jump。

(2) 手势语能以象形的造型、指示来展示事物的复杂状态,在幼儿英语教学中起着举足轻重的作用。幼儿英语教师需充分合理地运用手势语言进行教育和情绪表露。

例如,当教师在提问时,可以辅以举手的手势,那么慢慢地幼儿就理解了"举手"这一手势语的含义。当出现这个动作时,就会很自然地做出"举手发言"的反应。当幼儿要回答问题时,教师可用手心向上表示"Stand up!"当回答完要坐下时,可将手心向下表示"Sit down!"

(3) 眼神和面部表情也能传达信息和思想感情,在幼儿英语教育中也起着不可替代的作用。

例如,在说"Please close the door."这句话时,教师可设计这样一个情景:有意地将教室的门打开,然后眼睛看看门,对幼儿说"Please close the door."幼儿明白后,就会去把门关上。随后,教师可赞许地看着孩子,肯定地点点头说"Thank you",幼儿心理会美滋滋的,学习英语的热情也会高起来。在教学过程中,教师面部要经常保持微笑,让幼儿在轻松自如的氛围下学习英语,效果会更佳。

(4) 教师将抽象、枯燥、难懂的英语用逼真的表情、夸张的手势、动作表现出来的话就更能吸引幼儿的注意力,提高他们的兴趣,帮助其更好地理解英语口语表达的意思,从而大大调动幼儿参与活动的积极性。

例如,教师可用两手臂大幅度的画弧表示大(big),用两手交叉在双臂处摩擦表示冷(cold)。此外,幼儿英语教师还可用肢体语言表达自己的情绪,幼儿便会从教师的肢体语言中领悟到自己表现的优劣。例如,当幼儿表现好时,教师可以竖起大拇指、握手、拥抱幼儿,让幼儿感受到成功的喜悦。当幼儿表现欠佳时,教师也要面带微笑,给他以自信和继续努力的愿望。对一些缺乏自信的幼儿,教师既可竖起大拇指表示对幼儿的肯定,也可用语言表扬或者拥抱,而不应吝惜对幼儿的赞扬。

综上可知,幼儿英语教师应熟悉英语教学中常用的肢体语言,并将其巧妙地运用到教学中。

第五篇

幼儿英语教育研究模块

第十章 幼儿英语教材的选择

第十章课件

学习目标

（1）了解幼儿英语教材选择的注意事项。
（2）了解开展幼儿英语教学科研的步骤、方法。
（3）了解科研论文的撰写方法。

技能要求

（1）能够选取适合幼儿英语学习的英语教材。
（2）具备开展幼儿英语教学的科研活动和撰写科研论文的能力。

我国国力的增强带来了外语教育事业的蓬勃发展，开设英语教育活动的幼儿园越来越多，幼儿学习英语的年龄也越来越小，如何选择合适的幼儿英语教材以提高幼儿学习英语的效率成为幼儿英语教育的工作者及家长所关心的重要问题。

幼儿英语教育内容的具体表现形式就是其课程标准和教材。课程标准是选择教材的基本依据。它以纲要的形式反映出课程的基本教学内容。课程标准会涉及幼儿英语教育目的、任务、内容、结构、进度以及方法、书目等方面的内容。前面章节已对幼儿园各阶段英语教育活动的目标、内容、特点、教学法等方面进行了详细的描述，此处就不再赘述了。教材是教师和幼儿进行教与学活动所依据的材料，包括教科书、教育活动提纲、参考书、讲义、游戏规则及各种视听材料等。其中，教材是课程内容的具体体现，是整个教学过程中重要的内容和手段。目前，市场上针对幼儿英语教育出版的教材种类纷繁，版本多样，水平也参差不齐。

那么，在选择幼儿英语教材时应把握哪些原则，注意哪些方面呢？

一、树立正确的教材观

任何一种教材都不是为某一特定学习群体编写的，不可能满足各个地区、各个层次学习者的需求。教科书只是教学内容的一部分，它是开放的、发展的。在科技高速发展的当代，音像、电子材料、丰富的网络资源、新型材料制作的教具等都可作为教材上有限的文字材料的有益的补充来培养幼儿英语的语言能力。幼儿英语教师应将英语当作一门活的语言来教,要尽量创造性地利用现存的丰富教学资源,灵活设计教学活动,并以独特的、极具变化的教学法将手中的教材由静态变为动态,从而使教材真正成为教学的一种辅助材料和工具,而不被教材所左右。

二、幼儿英语教材选择的原则

幼儿英语教材是英语活动资源的重要部分,是活动内容的主要体现。一套系统、全面、合适的英语教材是成功的英语教育活动的基本保障。高质量的幼儿英语教材应具备以下几个特点。

1. 教材应符合幼儿的认知程度

根据认知心理学及二语习得理论(详见第二篇第一章),幼儿的语言习得有一定的规律和特点。好的幼儿英语教材在内容的选择、顺序、呈现方式等具体编排上应有科学依据并符合幼儿的认知学习特点,以便幼儿快捷地习得一些第二语言知识,从而具备某些英语能力。各阶段幼儿的英语教材内容的选择要适当,太简单会使幼儿的学习停滞,太难会让他们有挫折感,因而对英语学习失去信心。

2. 教材具有整体连贯性

一般每套教材都有几册连续的书。注意查看每册书中的学习内容是如何逐级扩展的,相邻两册书的知识衔接是否流畅,难度把握是否合适,是否保持了一定的复现率,且能使幼儿英语学习者系统地学习、不断地巩固所学的语言知识,从而不断提高英语应用能力。

3. 教材拥有完备的配套材料

幼儿英语教育活动是一项融多种教育目的、教育方法、语言能力为一体的复杂的系统工程。复杂多变的辅助材料,如配套挂图、卡片、音像光盘、画册、歌曲、游戏、表演用的面具、头饰、手偶等,能协助幼儿更好学习的内容,多感官立体地习得语言,从而获得英语语言能力。与此同时,这些配套材料也给幼儿英语教师的教学带来了便利,节约了他们的备课时间和精力,有利于其发展专业能力,提高教师素质。

4. 教材内容主题贴近幼儿生活

优秀的幼儿英语教材编写者必然会注意观察幼儿的兴趣,投其所好,并将幼儿感兴趣的事物编入教材。同时,将幼儿的日常生活主题与英语学习相结合,将教学内容以幼儿能操作的、游戏的、简单的且趣味高的形式呈现出来,让幼儿在日常熟悉的、可模拟的场景中习得英语。

5. 有利于幼儿的多元智能发展

根据加德纳的多元智能理论可知,人具有多种智力。因此,培养幼儿要注意其各个智能的发掘和发展。幼儿英语教材不能只注意培养幼儿的英语语言能力,还要努力将英语国家的音乐、体育项目、地理环境、特色建筑、跨文化交际等方面的内容融入教材中,以便培养幼儿各方面的智力,从而使他们全面、真正地习得英语。

6. 能帮助组织教学过程

幼儿英语教材就是对大量复杂的英语语言材料的整理。一方面,它能为幼儿教师提供目的明确、循序渐进、内容连贯的活动单元,保证形式多样的课堂活动,便于教师做教学安排;另一方面,它能让幼儿感到自己学习的进步,英语语言能力的提高。

> **小贴士**
>
> 在教学过程中,幼儿英语教师也可根据本幼儿园的办园特色及幼儿的情况,对幼儿英语教材中的内容进行有选择的教学,而不必局限于按部就班地教授一套英语教材。当然,也可自编一些教学内容作为补充。

> **思考与讨论**
>
> 调查一下市面上的幼儿英语教材情况,并选取几套进行对比分析,选出你认为较好的教材,并说明原因。

第十一章 幼儿英语教育科研内容及方法

第十一章课件

教师素质的好坏决定着教学水平的高低。随着学前儿童英语教育研究的不断深入,幼儿英语教师的师资建设业已成为人们关注的焦点。现代教育的发展,要求英语教师不仅要有深厚的英语语言功底、娴熟的教学技能和良好的教学效果,还应具有一定的教育理论水平和科研能力。

第一节 幼儿英语教育科研内容

一、幼儿英语教育科研

幼儿英语教育科研是一种认识过程,是人们有目的、有计划、有意识,系统地在前人已有的认识基础上,采用科学的方法,研究幼儿英语教育理论和教育实践,并对其加以掌握、分析、概括、揭露其本质,探索与发现幼儿英语教育与人的全面发展及其与社会的进步的客观规律,提高幼儿英语教育质量的创造性认识的活动。

二、幼儿英语教育科研主要内容

教育是一种复杂的社会现象,是人特有的社会性活动,对这种活动所进行的科学研究和探索属于社会科学研究范畴。同时,由于幼儿英语教育研究隶属于教育研究,因此还必然受到社会科学研究的特点的影响和制约。幼儿英语教育不仅与幼儿的英语语言能力发展关系密切,而且与整个社会的进步有紧密联系。幼儿英语教育科研的研究范围比较广泛,不仅要涉及幼儿英语教育内部的各种关系,还关联其与社会方方面面的各种外部关系。因此,它不仅要研究幼儿英语教育的指导思想、教育目标、要求、教育内容、教育方法、原则、教育评价等一整套英语教育规律,还要研究发展幼儿英语教育的各种影响因素、各种条件以及幼儿英语教育工作者的素质等。从其研究对理论的概括程度和解决实际问题的针对性,将幼儿英语教育的科研内容分为以下3个层次进行阐述。

1. 幼儿英语教育基础理论研究

基础理论研究的目的在于探索、发现一般知识、普遍规律，构建和发展基本理论。幼儿英语教育的基础理论研究虽然不能解决幼儿英语教学活动中的具体问题，却能给幼儿英语教师提供具有普遍性的教学指导。例如，第三篇提到的幼儿是如何习得外语的理论就属于此类研究，其对幼儿英语教师的教学活动具有普遍的指导意义。

2. 幼儿英语教育的应用研究

应用研究就是将基础理论研究中得出的普遍原则，运用于解决实际问题的实践中，使之具体化，从而提出即时的、针对性较强的应用理论和方法。其研究目的在于解决实际问题。例如，"我国幼儿学习英语的最佳年龄研究"，就是运用关键期假说的理论来考察我国国情下幼儿学习英语的最佳时间。

3. 幼儿英语教育的教育技术研究

一般来说，幼儿英语教师所进行的幼儿英语教育研究以教育技术研究为主。教育技术研究一般包括行动研究、评价研究和开发研究。

（1）幼儿英语教育行动研究

幼儿英语教育行动研究主要是指幼儿英语教育实践工作者为解决幼儿园、班级、课程标准等英语教学实践提出的即时问题而做的研究。此行动研究不是为了构建理论，而是以系统地、科学地解决幼儿英语教育活动中的实际问题为目的的。例如，具体的幼儿英语课程研究、幼儿英语教材、教育方法、现代信息科学技术辅助教育活动、幼儿园英语活动内容及模式的研究、农村幼儿园英语课程设置，教法研究、幼儿英语教育与其前后阶段衔接教育的研究等。

（2）幼儿英语教育评价研究

幼儿英语教育评价研究是对幼儿英语教育机构、幼儿园、幼儿英语课程、教学大纲等的价值作出评判而展开的研究，是为政策提供分析和决策依据的主要工具。其研究目的是收集有助于作出有效决策的资料信息。评价研究包括 3 个组成部分：获得信息、赋值判断和制定决策。评价研究可分为形成性评价研究和终结性评价研究。前者具有过程性的特点，是当事人通过自我评价从而经过一段时间后达到自我提高；后者则是由考核人员对评价对象的某些方面进行鉴定。例如，合格幼儿英语师资的规格及其培养、幼儿英语教学评价等。

（3）幼儿英语教育开发研究

幼儿英语教育开发研究是指为幼儿英语教育工作者提供能够直接用于幼儿英语教育的产品，其也是教育科研的重要内容。幼儿英语教育开发性研究的产品拥有直接服务于幼儿英语教育实践的特点，故而能使幼儿英语教育理论联系实践，并将幼儿英语教育思想、观念物化于幼儿英语教育的产品中，从而体现其实际应用价值。例如，现在市面上琳琅满目的幼儿英语教材，以及幼儿英语教学中使用的教具、音像、玩具、教学设施设备等都是幼儿英语教育开发研究的成果。

展开科研工作,首先就是确定科研题目。幼儿英语教师可参考以上幼儿英语科研内容,结合自身的教学工作,大致确定科研方向,以便展开进一步的研究工作。

第二节 幼儿英语教育科研方法

幼儿英语教师常用的教育研究方法是多种多样的,可以根据不同的分类依据,从不同的角度进行划分,本小节主要将教育科研中常用的方法进行简单的介绍,如文献法、观察法、调查法、实验法和行动研究法等。

一、文献法

文献法也就是文献资料研究法,它是指对前人或同时代人的相关教育材料的收集、整理、分析、研究的过程,其研究目的是为当前教育理论和实践研究提供有益的指导,主要手段是查阅文献资料。文献法不仅是一种科研方法,还是进行任何科研的必要条件。搞任何教育科研,都需要进行文献资料分析,从而确定研究方向与课题。文献法的研究步骤通常包括3个阶段:收集资料、查阅资料、研究与运用资料。

二、观察法

观察法是研究教育现象的最基本方法,特别适合以幼儿为研究对象的学前教育研究。科学研究中的观察法是指在研究对象处于自然状态下,令其有计划、有目的、系统地直接观察研究对象的语言、行为等外部表现,并做详细记录,收集相关事物的材料,随后加以分析、综合、解释,从而获得研究结论的一种方法。例如,观察学前儿童在交际中的语言的运用情况、学前儿童与环境的互动情况、学前儿童在英语情境中的各种表现等。观察法的种类因划分的角度不同而多种多样。根据观察记录的方式及其对所观察的行为的选择控制程度的不同,将观察法分为叙述性观察、抽样观察和观察评定法。叙述性观察主要包括4种:日记描述、轶事记录、连续记录和实例描述。抽样观察法可分两种:时间抽样观察法和事件抽样观察法。观察评定法是指研究者在观察基础上,对研究对象的行为或事件作出判断。

三、调查法

调查法是教育科研中运用最广泛的一种研究方法。调查就是通过对现有的教育实际情况的考察及研究分析所得的事实材料,概括出教育现状的规律及教育现象之间的联系。此法较适用于描述现实教育的性质、发展趋势以及人们对其的态度等问题。例如,家长的期望对幼儿园英语教育的影响、某地区幼儿园幼儿英语教师素质的调查、家长对幼儿英语学习问题的看法的调查等。调查法中常用的收集资料的手段主要有问卷、访问、谈话、测查、评价及书面材料分析等。

四、实验法

实验法指的是研究者依据研究目的,有组织、有计划地采用一定的人为手段,通过主动干预控制,逐步变化该教育实验的必要条件,并将有干预情况下所获得的事实与无干预情况下同类研究对象的事实加以比较,从而确定条件与现象间的因果关系。实验法中被试的分组主要有3种形式:单组实验、等组实验和轮组实验。例如,影响学前儿童英语教育效果的因素是很多的,如教师英语水平、教材、英语教法、教具、儿童英语学习动机等。如果要了解不同英语教学法对学前儿童英语学习效果,就先要确定实验中被试的各组的教材、儿童、教具、教师、课时等方面情况大致相同,然后将教师、儿童、教具、教材等因素控制起来,使其相对稳定,同时对英语教学法进行操纵,通过收集、统计实验事实及数据得出儿童英语教学法与英语学习效果之间的关系的结论。

五、行动研究法

行动研究法是指教师或教育研究人员针对教育实践中出现的问题,不断提出改进教育的方案和计划,并用于指导教育实践和教学活动,同时又根据教改方案实施过程中出现的教学实践新问题,进一步修正、完善教改方案,不断提出新的教学目标。行动研究法关注教育实际情境中的教育实践,要求教师在教育实践中既做行动者,又做研究者。

> **小贴士**
>
> 此部分仅对教育科研中常用的方法进行了简要的介绍,幼儿英语教师可参看介绍各个科研方法操作的专著和实例,以便在自身的英语科研活动中正确地选用不同的科研方法。

> **思考与讨论**
>
> 幼儿英语教育科研内容主要来源有哪些?可使用的科研方法有哪些?请具体地说一说。

第十二章 幼儿英语教育科研论文写作

第十二章课件

幼儿英语教育科研论文就是将教育研究的成果整理成文字材料来阐述、揭示和探讨幼儿英语教育领域中的现象、问题和规律。那么,怎样开展幼儿英语教育研究呢?怎样将研究的成果转化成科研论文呢?本小节主要从教育研究的步骤和论文的撰写两个方面进行阐述。

第一节 幼儿英语教育研究的步骤

教育科研一般都需经历一定的程序、环节,幼儿英语教育研究也不例外,它一般包含以下几个基本步骤。

一、选题

选题就是提出研究课题,它规定了整个研究的任务方向和思路,是科研工作的出发点,也是最重要的一环。研究课题选得好就成功了一半。选题的成功与否,对于整个科研是否有价值、取得的科研成果是大还是小,都起着十分重要的作用。下面将就幼儿英语教育研究选题的基本来源作一些简单的介绍。

1. 教育实践中的问题

教育科研正是为了解决教育实践中提出的各种各样的问题。幼儿英语教育现象复杂多样,需要以及值得研究的问题也是极为丰富的,在选题时可从以下3个方面着手。

(1) 社会上受到广泛关注的热点问题

例如,有关幼儿素质教育与英语教育问题、创新教育在幼儿英语教育中的应用问题、双语幼儿园中英语应用情况调查、幼儿园英语教材选用问题、幼儿英语学习发展性评价模式探讨等都是幼儿英语教育实践提出的课题,颇受大众的关注。这类问题如能有效解决,将为今后幼儿英语教育方针、政策的制定提供可靠的依据。

(2) 教师教改实践的经验总结

由于幼儿英语教师处于教学一线,是我国新时期幼儿教育改革的实施者,拥有幼教英语教改实践的第一手材料,是科研课题的极好资料来源。因此,幼儿英语教师确定的课题也多为教育实践研究。幼儿英语教师可以在工作中注意探讨教改的问题、教学工作中面临的突出问题、幼儿英语教学的方法途径问题、教师的教育观点及幼教英语教育职业技能等方面的问题。此外,幼儿英语教师还可以从自身的英语教学实践中发现问题,并以此作为自己的研究课题。例如,有关英语游戏在幼儿英语教学中的应用问题、探索情境教学在幼儿英语口语教学中的应用问题、以幼儿为主导的英语教学模式研究、如何衡量幼儿英语教改效果等。

2. 引导实践的教育理论

教育理论阐述的是教育中的一般规律,能为实践中的具体问题的解决提供知识储备和理论指导,是选题的一个重要方面。幼儿英语教师可通过研读现有的英语教育理论文献资料,找出其理论体系中的矛盾,发现研究薄弱点和空白点,同时结合我国国情,研究和解决我国幼儿英语教育中的一些理论问题。例如,我国幼儿英语教育的现状及其发展趋势、早期英语教育与语言智能发展的关系、幼儿游戏与英语教育等。

3. 幼儿英语教育与其他相关学科的关系

幼儿英语教育与社会诸多方面存在着紧密联系。例如幼儿英语教育与社会政治、经济、文化、艺术、科技都有密切关联,因此研究幼儿英语教育也要注意其与其他学科的关系,如社会学、心理学、哲学、教育学等。例如,幼儿英语教育社会化、社区化问题研究,农村幼儿园英语教育现状研究,科技进步与幼儿英语教学玩具的开发研究等。

另外,选题要遵循以下几个原则:①根据幼儿英语教育社会发展的需要、实践的需要、理论的需要来选题;②科研课题要有理论价值或实践价值;③研究课题要有创新性、可行性。

幼儿英语教师在进行科研选题时,还要考虑到单位及自身所具备的研究条件,在自己的能力范围内选题,以便确保科研课题能顺利完成。

二、查阅文献

查阅文献是进行教育科研活动的必经之路,是科研工作者了解、掌握有关理论知识和熟悉前人就某个科研课题所获得的经验和成就所必需的步骤。研究者在确定研究课题时已经了解了一些相关的基本理论和知识,而在选题确立之后,依然需要进一步查阅幼儿英语教育的著作及与研究课题相关联的文献资料,以便充分了解国内外前人对该课题研究的发展历史和现状、主要研究成果、研究的重点、研究的方法、存在的问题等。幼儿英语研究者要知道哪些问题已经解决了、哪些问题还有待作进一步研究、有争论的问题及其争论的焦点是什么、各方的观点是什么,由此才能确立自己的课题的突破点,获得继续下面的科研活动的必备的一般理论概念、研究范围、研究方法、研究方案等方面的信息和思路。

那么，从哪里获得文献资料呢？怎样查阅资料呢？

首先，要充分利用图书馆。可从馆藏图书中找到与自己科研课题相关的著作、论文集。图书馆的期刊，尤其是与基础教育、学前教育相关的都可找到与幼儿英语教育有关的综述材料、文章等重要资料。现在图书馆的电子资源也是极为丰富的，学会从中国知网、万方数据库、各种外文期刊数据库等电子资源查找、下载与自己论题相关的各种文献资料。在搜索文献时，注意选用适当的数据库和选择合理的检索词，一般来说可按题目、主题、关键词、摘要、作者、期刊名、年份等进行精确或模糊检索。其次，要最大限度地利用好因特网。可用百度、Google等搜索引擎搜索相关资料。获得文献资料后要仔细认真研读，注意做好读书笔记、总结、归纳，直到全部掌握与研究课题相关的重要资料。掌握研究课题发展历史的同时，也要注意了解有关课题的实际情况，做到对现状心中有数，以进一步确定选题的实践意义、研究的可行性等方面的问题，以便制订出切实可行的研究方法、方案。另外，采用以上介绍的两种方法获得文献后，还可以以著作或论文后所附的参考书目或参考文献为线索，追踪查找到相关课题的文献资料。

三、确定研究方法

在明确了研究课题与目的后，选择适当的方法，就能保证科研活动沿着正确的方向前进，从而达到研究目的，取得研究成果。上一节已就研究方法进行了阐述，此处不再赘述，只就其选择提出几个需要注意的问题。首先，需依据研究课题的研究内容、对象的特点来选择研究方法。所选的研究方法能科学地反映所研究的教育现象的规律。例如，探讨有关"幼儿户外英语游戏设计与指导"问题，就选用观察法和实验法来收集事实比较好；要研究"幼儿英语教师阅读兴趣的现状"问题，就采用问卷调查、访谈的方法比较有效。其次，要考虑是否具备采取此类研究方法的客观现实条件。最后，交叉使用不同的研究方法进行研究。一般来说，一个研究课题的研究任务需通过多种研究方法的综合运用来完成。例如，要研究两种不同的幼儿英语教学法在幼儿英语教学中的不同效果，需采用调查法、观察法、访谈法等来了解幼儿的英语水平现状，然后通过实验法来实施教育实验，比较采用两种不同的英语教学法后幼儿英语水平的变化情况，以达到研究目的。幼儿英语教育研究者需按具体研究任务和实际条件，选用一些研究方法，并将各种方法有效地配合起来，科学、全面地收集好事实资料，以达到科研目的。

四、制定研究方案

制定研究方案也是科研活动的重要一环，它使研究者明确科研课题、研究任务、研究目的，确定研究对象、研究方法、研究步骤和时间安排，从而使研究人员能按照既定的路线进行研究工作，按期完成研究任务。一般来说，研究方案主要包括以下几个部分。

1. 课题名称

课题名称即研究题目，需简明扼要地表述出研究内容。

2. 研究目的

研究目的部分需阐明课题的提出背景、文献综述、研究假设和研究任务。课题提出的背景就是说明此研究问题是怎样提出来的、选题的来源。文献综述就是简明扼要地介绍此课题在国内外已经取得的相关研究成果,并在此基础上引出研究者本人现对此问题进行研究的突破点及创新之处。

3. 研究对象和研究方法

研究对象和研究方法部分要写明研究场地和研究被试的选择以及所采用的具体研究方法。涉及研究场所、被试取样、研究材料、研究步骤、时间安排、评价标准、材料的整理和统计方法等。

4. 预期研究结论

预期研究结论部分体现了前面研究假设的结果,故应和需要解决的幼儿英语教育问题保持一致。

随着研究工作的展开,研究方案有时会出现变化,研究者可根据实际需要,对研究方案进行修正,增减其中的部分内容,以便收集到更科学有效的客观材料,从而确保研究工作取得成效。

五、开展科研活动

有了以上几个步骤的铺垫,科研活动也就进入了切实的实施阶段。幼儿英语教育的研究人员就可根据科研方案,按要求开展研究活动,收集相关的事实材料。整个研究项目的成功与否也取决于所获得的事实材料是否可靠、准确,所以在此收集事实资料的过程中要注意应尽可能严格控制实验条件,全面、客观地收集材料,及时整理、总结、评价记录,理清研究思路,及时发现问题、解决问题。

> **小贴士**
>
> 一般来说,幼儿英语教育实践和教育实验中的事实材料主要来源于幼儿英语教师平时工作中的各类报告。

> **思考与讨论**
>
> 开展幼儿英语教育科研的步骤有哪些?具体包括哪些内容?

第二节 幼儿英语教育相关科研论文写作

幼儿英语教育科研论文是指用文字将幼儿英语教育科学研究的科研成果描述出来,其目的是为了推广、交流教育科研成果,使之产生社会效益,同时也能提高幼儿英语教师的素质和能力,促进教育事业的繁荣发展。

教育科研论文依据论文的内容、科研的角度与表达形式的不同可分为多种类型,研究者撰写研究论文,首先要考虑用什么形式来表述科研成果,确定论文的类型。尽管不同类型论文的写作形式不同,但就其一般结构来说,都由 7 部分组成。本部分先就科研论文的 7 个组成部分的写作内容要求作出简述,随后简介一下幼儿英语教师常用的几种类型的教育科研论文的内容与结构。

一、教育科研论文的基本组成部分

1. 标题

题目就是指高度概括此项科研的内容,要用简明的词语表达出研究的领域、问题及研究对象,使读者一看就明了此课题是属于哪个方面的、要解决什么问题。如《TPR 教学法在中班幼儿英语教学中的运用效果》,这篇文章一看题目就知道是英语教学领域的课题,研究对象是幼儿园中班幼儿,是以实验法研究这种英语教学法的效果。

2. 署名

题目下面注明作者姓名和工作单位,以表示文责自负和享有著作权,同时也方便读者与作者交流联系。

3. 摘要

为了使读者能尽快了解论文的内容,摘要需高度概括和总结论文的重要内容,用准确、简洁的语言介绍研究的问题、理论假设、被试的选取、采用的研究方法、取得的结论等。字数一般控制在 200 字左右。摘要部分的关键词要能反映研究的内容,抓住研究的关键部分。

4. 引言

引言即为论文的前言部分。此部分需明确提出以下 3 方面的问题:①研究的问题。简明扼要地写明本课题研究的内容、目的、理论意义和实践意义;②文献综述。回顾前人的研究状况,指出以往研究存在的或尚未解决的问题以及以往研究与本次研究的内在关系。注意文献的选择要有针对性;③本课题研究所要解决的问题及研究假设。

5. 正文

正文是论文的主体。在这部分,作者依据引言部分的论述,提出自己的论点,运用丰富的理论和事实材料,展开全面、充分、严谨的论述,以证实或推翻某一观点。对教育科研论文类型中的教育调查报告、实验报告、经验总结报告,在此部分需交代以下 3 点。

(1)说明研究方法。读者通过研究方法说明的部分判断此研究结果的可靠性、科学性,并能据此进行验证,所以此处尽量要条理清晰地详细说明研究对象的选取、事实材料的收集办法、研究程序和进度安排等。例如,调查或实验的取样场所、研究对象的年龄、性别、取样方式、样本容量、控制条件、调查项目或实验因素、研究结果的检验方式、操作步骤等。此外,研究活动中所采用的专有名词术语的概念也应作出清楚的解释和界定。

(2) 阐述研究结果。数据和事实材料是研究结果中最重要的部分。在整理研究过程中,收集到事实资料、数据后,应用图、表描绘或文字描述展示出来,并加以简要的分析说明。研究者还需根据研究结果,进行分析、比较、综合、推理,并展开合乎逻辑的论证,这个过程中还可以介绍一些研究过程中出现的与课题有关的典型事例,从而使读者能更好地理解研究结果。

(3) 讨论。这部分要求研究者进一步讨论与研究相关的问题。如前面提出的问题是否解决了、研究假设是否成立、研究方法是否科学可靠等。上升到理论的高度对研究结果进行分析、论证,找出其产生的原因,并提出作者的新观点,表述研究结果的意义及其适用范围。讨论部分是使研究方法与研究结果上升到理论的重要环节,是较为关键的一部分,研究者可注意把研究结果与理论及实际应用紧密结合起来谈。

6. 结论

结论就是整个研究过程的小结。研究者在此部分概括出研究成果或观点,指出自己研究中存在的问题、不足,展望进一步的研究方向、课题和研究趋势。

7. 参考文献

参考文献是指研究者在研究过程中阅读过的文献。要注明作者姓名、文献标题、出版单位、出版日期、相关书籍的页数等。排列书目的一般顺序是先国内后国外。

以上介绍的教育科研论文的 7 个组成部分并非绝对的,也可有其他不同的分法。

二、几种主要教育科研论文类型的结构

1. 教育经验总结报告

教育经验总结报告用于总结教育教学实践中的成功、有效的教育观点、行为、经验,并使之上升到理论的高度。这类文章中一般既有教学实践中获得且积累起来的教育一线一手素材,也吸取了相关学科,如幼儿教育学、心理学、英语教育等文献材料中的理论知识,并将二者有机地联系起来,提出具有普遍教育意义的经验总结。教育经验总结报告的基本结构如下。

(1) 标题。

(2) 引言。此部分可介绍作者进行教育经验总结的背景知识(如起因、时间、环境、主要内容等)、亟须解决的教学问题、所处单位的基本情况等方面的信息。

(3)正文。对教育经验进行总结可从不同的角度来构思,例如:①以解决的教学问题来写,先提出教学中出现的问题,采取了哪些相应的措施,同时说明问题的起因以及采取的解决办法的理论依据和具体做法;②以理论性的归纳来写,此法强调透过教育实践中的现象,抓住其本质,找出各种关系中的内在联系,提出具有普遍意义的教育规律,是比较高级的总结方法。当然,也可以按教育工作的过程和个人从教育实践中获得的体会来写正文部分。

(4)结尾。结尾就是指用准确的语句概括、总结正文部分。

2. 教育调查报告

对收集来的教育科研现象的调查情况材料,进行整理、统计、分析后的文字记录就是教育调查报告,它能反映教育现象的本质和主要矛盾。教育调查报告的基本结构如下。

(1)标题。

(2)引言。此处需简介调查的概况,如调查的主旨、必要性、目的、意义、任务、时间、地点、对象、范围等,以引起关注。另外,要详细说明所采用的调查方法,如是普遍调查还是非普遍调查(重点调查、典型调查、抽样调查);是随机取样、机械取样,还是分层取样;调查方式是开调查会还是访问或问卷等具体的措施,以使人相信调查的科学性、真实性,从而体现调查报告的价值。

(3)正文。对大量通过调查获得的材料实施整理、统计、分析,从而归纳出若干项目,分条叙述、总结调查结果。在行文时,注意要有确凿的数据、典型的事例、可靠的材料、明确的观点。这部分也有不同的写法,如按调查顺序来排序、按归纳出的条目逐一阐述或将不同的事物加以对比。作者可依自己所做的教育调查的具体情况选择合适、有效的写法。

(4)讨论。作者在此部分根据正文的科学分析,对结果进行理论阐述,深入地探讨一些问题,并给出自己的观点,提出建设性的意见。

(5)结论。归纳总结调查研究了什么问题、获得了什么结果、说明了什么问题。

(6)参考文献。

3. 教育实验报告

教育实验报告就是指反映实验过程和结果的书面材料。实验一般分为探索性实验和验证性实验。探索性实验是开发性实验,是针对研究领域中尚属空白或研究匮乏的课题所做的实验,其报告一般用探讨性语句。验证性实验是对已有的同类实验进行重复或移植实验,以验证某些实验结论的科学性、可靠性和适用性。幼儿英语教师的实验报告多属后者。教育实验报告的基本结构如下。

(1)标题。

(2)作者、单位。

(3)提出问题。此部分要阐明实验的背景、目的、意义,具体介绍实验的内容,综述该实验问题的国内外研究进展和水平,指出本课题在哪个方面或哪个环节上有所突破。

(4)实验方法。具体介绍实验场地,实验对象的选择、抽样,实验的组织类型是单组、等组还是轮组,测量工具、标准,实验步骤。

(5) 实验措施。讲明自变量包含哪些内容,因变量有哪些。

(6) 控制实验条件。采用什么方法,控制了哪些无关因素。

(7) 实验结果。此部分为实验报告的关键,需提交数据和典型事例。其数据要用图表的正确格式准确地表达出来,还要用统计检验来说明自变量与因变量的关系,事例要典型、有说服力。

(8) 讨论。结合实验结果回答上文提出的问题,从理论上分析、论证实验结果,并讨论本实验中的争议,提出见解,指出其不足之处以及可深入探究的新课题。

(9) 结论。高度概括总结整个实验,并回答实验提出的问题。

(10) 参考文献。

教育科研论文的格式多种多样,以上为其一般格式所包括的内容,在具体写作时是会有所变化的。

【实训任务】

根据自身的幼儿英语教学实践,在教师的指导下开展科研活动并撰写一篇科研论文。

参考文献

[1] 牛翠平. 幼儿英语教育[M]. 南京：南京大学出版社,2015.
[2] 徐国庆. 职业教育课程、教学与教师[M]. 上海：上海教育出版社,2016.
[3] 徐国庆. 职业教育项目课程原理与开发[M]. 上海：华东师范大学出版社,2016.
[4] 徐国庆. 职业教育课程论[M]. 上海：华东师范大学出版社,2015.
[5] 编写组. 幼儿英语教育活动指导[M]. 上海：复旦大学出版社,2011.
[6] 高敬. 学前英语教育与活动指导[M]. 上海：华东师范大学出版社,2016.
[7] 高敬. 幼儿英语教育[M]. 上海：华东师范大学出版社,2007.
[8] 杨文. 全息全感幼儿英语教学法[M]. 北京：中国书籍出版社,2004.
[9] 强海燕. 幼儿英语浸入式教育活动[M]. 西安：西安交通大学出版社,2000.
[10] 张杏如,周兢. 幼儿园活动整合课程指导——英语1～6[M]. 南京：南京师范大学出版社,2010.
[11] 王斌华. 双语教育与双语教学[M]. 上海：上海教育出版社,2003.
[12] 孙瑞玲. 清华幼儿英语师资认证培训教程[M]. 北京：清华大学出版社,2006.
[13] 赵琳. 幼儿英语浸入式整合课程[M]. 西安：西安交通大学出版社,2004.
[14] 孙瑞玲. 清华幼儿英语教师用书(完全教案版)[M]. 北京：清华大学出版社,2005.
[15] 张湘君. 英文童谣创意教学1～2[M]. 上海：华东师范大学出版社,2004.
[16] 张湘君. 英文绘本创意教学1～3[M]. 台北：维京国际股份有限公司,2005.
[17] 张志远. 儿童英语教学法[M]. 北京：外语教学与研究出版社,2002.
[18] Harriet Powell. 配乐英语游戏[M]. 上海：同济大学电子音像出版社,2008.
[19] 麦德. 麦德英语游戏[M]. 北京：北京大学出版社,2007.
[20] 爱德乐·帕特. 做游戏·教英语[M]. 北京：外语教学与研究出版社,2003.
[21] 盛德仁. 英语教与学新模式[M]. 北京：外语教学与研究出版社,2002.
[22] Marioherrera. 朗文儿童欢乐英语——幼儿教师指导手册[M]. 上海：上海外语教育出版社,2003.
[23] 余珍有. 幼儿园活动指南[M]. 南京：南京师范大学出版社,1999.
[24] 李淑贤. 幼儿游戏理论与指导[M]. 长春：东北师范大学出版社,1999.
[25] 周兢. 幼儿园语言教育活动设计与组织[M]. 北京：人民教育出版社,1996.
[26] 陈帼眉,刘炎. 学前教育新论[M]. 北京：北京师范大学出版社,1996.
[27] 陈帼眉. 学前教育心理学[M]. 北京：人民教育出版社,1987.
[28] 方立. 美国理论语言学研究[M]. 北京：北京语言学出版社,1993.
[29] 施良方. 课程理论——课程的基础、原理与问题[M]. 北京：教育科学出版社,1996.
[30] 张明红. 学前儿童语言教育[M]. 上海：华东师范大学出版社,2001.
[31] 余强. 双语教育的心理学基础[M]. 南京：江苏教育出版社,2002.

[32] 叶澜．教师角色与教师发展新探[M]．北京：教育科学出版社，2001．

[33] 林立，等．第二语言习得研究[M]．北京：首都师范大学出版社，2000．

[34] 刘文霞．教育科学研究方法[M]．呼和浩特：内蒙古大学出版社，1993．

[35] 淘保平．学前教育科研方法[M]．上海：华东师范大学出版社，2006．

[36] 靳洪刚．语言获得理论研究[M]．北京：中国社会科学出版社，1997．

[37] 余强．从第二语言敏感期的特点看学前双语教育的重点[J]．早期教育，2003(5)．

[38] 单迎春，等．儿童文学与英语教学[M]．北京：北京师范大学出版社，2007．

[39] 靳玉乐，等．教学改革论[M]．重庆：西南师范大学出版社，1998．

[40] 湛蓊才．课堂教学艺术[M]．长沙：湖南师范大学出版社，1999．

[41] 单迎春，等．幼儿教师英语口语[M]．西安：陕西师范大学出版社，2012．

[42] 周兢．幼儿园语言教育活动设计与组织[M]．北京：人民教育出版社，1996．

[43] 鲁子问．小学英语游戏教学理论与实践[M]．北京：中国电力出版社，2004．

[44] 鲁子问，等．小学英语游戏真实任务教学理论与实践[M]．北京：中国电力出版社，2004．

[45] 鲁子问．小学英语课堂教学理论与实践[M]．北京：中国电力出版社，2004．

[46] 王蔷．小学英语教学法教程[M]．北京：高等教育出版社，2004．

[47] 肖惜．英语教师职业技能训练简明教程[M]．北京：高等教育出版社，2004．

[48] Helene Becker．Teaching Views From The Classroom ESL-12[M]．北京：外语教学与研究出版社，2004．

[49] David Nunan．Practical English Language Teaching[M]．北京：高等教育出版社，2004．

[50] Alice Omaggio Hadley．Teaching Language In Context[M]．北京：外语教学与研究出版社，2004．

[51] Rod Ellis．第二语言习得概论[M]．上海：上海外语教育出版社，1999．

[52] 石伟平，徐国庆．职业教育课程开发技术[M]．上海：上海教育出版社，2006．

[53] 黄克孝．职业和技术教育课程概论[M]．上海：华东师范大学出版社，2001．

[54] 余灵．论任务型教学实践与高职英语教学改革[J]．重庆交通大学学报(社会科学版)，2007(3)：126-129．

[55] 邓泽民．职业教育课程设计[M]．北京：中国铁道出版社，2006．

[56] 邓泽民．职业教育教学设计[M]．北京：中国铁道出版社，2006．

[57] 邓泽民．职业教育教材设计[M]．北京：中国铁道出版社，2006．

[58] 姜大源．职业教育学研究新论[M]．北京：教育科学出版社，2007．

[59] 赵志群．职业教育工学结合一体化课程开发指南[M]．北京：清华大学出版社，2009．

[60] 马成荣．职业教育课程开发及项目课程设计[M]．南京：江苏科学技术出版社，2006．

[61] 王牧群．交际英语课内外活动设计[M]．上海：上海外语教育出版社，2004．

[62] 刘霞．幼儿园英语口语大全[M]．北京：清华大学出版社，2005．

[63] Sam McBratney．Guess How Much I Love You[M]．Walker Books Ltd．，2004．

[64] Doreen Cronin & Betsy Levin．Click Clack Moo，Cows That Type[M]．Simon & Schuster Children's Publishing，2000．

[65] Taro Gomi．My friend[M]．Chronicle Books INC．，1990．

[66] Eric Car．The Very Hungry Caterpillar[M]．Puffin Books，2002．

[67] Bill Martin & Eric Carle．Brown Bear，What Do You See？[M]．Henry Holt and Company，1992．

[68] Simms Taback．There Was an Old Lady Who Swallowed a Fly[M]．Viking Children's Books，a division

of penguin Putman Inc. ,1997.

[69] Eric Car. From Head to Toe[M]. Harper Festival A Division of Harper Collins Publishers,1997.

[70] Ed Young. Seven Blind Mice[M]. Penguin Group Incorporated,2002.

[71] Simms Taback. Joseph Had a Little Overcoat[M]. Penguin Books Canada Ltd. ,1999.

[72] Robert Carlen & Tonal Cruse. Rain[M]. 台北：维京国际股份有限公司,2005.

[73] Pat Hutchins. The Doorbell Rang[M]. Greenwillow Books,New York,2001.

[74] Molly Bang. When Sophie Gets Angry[M]. The Blue Sky Press,2002.

[75] Robert Kraus & Jose Aruego. Whose Mouse Are You? [M]. Aladdin Paperbacks,2001.

[76] Olivier Dunrea. Gossie[M]. Houghton Mifflin Company,Boston,2002.

[77] Kes Gray & Nick Sharratt. Eat Your Peas[M]. Random House Children's Books,2001.

[78] Roderick Hunt & Alex Brychta. The Pet Shop[M]. Oxford University Press,2001.

[79] Roderick Hunt & Alex Brychta. Six in a Bed[M]. Oxford University Press,2001.

[80] Paul Davies. Success in English Teaching[M]. 上海：上海外语教育出版社,2002.

[81] 毛蕴诗. Selected Readings in Management[M]. 大连：东北财经大学出版社,2001.

[82] Jeremy Harmer. How to Teach English[M]. 北京：外语教学与研究出版社,2000.

[83] H. D. Brown. Principles of Language Learning and Teaching[M]. 北京：外语教学与研究出版社,2002.